SECRET PLACES SÜDTIROL

55 traumhafte Orte abseits des Trubels

SECRET PLACES SÜDTIROL

55 traumhafte Orte abseits des Trubels

Markus Meier · Lisa und Wilfried Bahnmüller

BRUCKMANN

INHALT

↑ Der Tipp im Tipp: Der Lagazuoi ist nicht nur eine Etappe auf dem beliebten Dolomiten-Höhenweg-Nr. 1, sondern auch ein Mahnmal. Stollen und Artilleriestellungen aus dem Ersten Weltkrieg befinden sich im Gebirgsstock am Falzaregopass (siehe Tour 50).

↓ Südtirol in all seinen Facetten (von links nach rechts): Mühlenweg im Campilltal, Blick vom Kloster Marienberg bei Burgeis auf das Vinschgau, moderne Architektur an der Timmelsjochstraße, der Zuftrittstausee im Martelltal und die moderne Kirche St. Monika, Plaus

DOLOMITEN 170

↑ Blühender Löwenzahn auf den Lärchenwiesen am Salten bei Jenesien
↓ Bezaubernde Motive zwischen Vinschgau und Dolomiten (von links nach rechts): Lüftlmalerei am Tschoggenhaus in Schluderns, Kirche St. Veit in Tartscher Bühl, Panoramaweg im Pfelderer Tal, Speckknödlsuppe in der Pfandlalm bei St. Martin in Passeier und Nuvolau-Hütte in den Dolomiten

WILLKOMMEN IN SÜDTIROL

ERSTAUNLICHE EINBLICKE

Südtirol ist ein Sehnsuchtsort, der Jahr für Jahr Urlauber in seinen Bann zieht. Drei Zinnen, Pragser Wildsee und Seiser Alm sind tausendfach beschrieben. Darüber hinaus hat Südtirol jedoch unglaublich viel mehr zu bieten. Es ist an der Zeit, all diese Secret Places zu entdecken.

Südtirol – das Land der Berge

Südtirol, die nördlichste Region Italiens, steckt voller Magie und ist reich an zauberhaften Landschaften. Südtirol ist ein Land der Berge. Das bedeutet Bodenständigkeit und Naturnähe, aber mit der gewissen Leichtigkeit des Südens. Zwischen bizarren Dolomitengipfeln, idyllischen Waalwegen und Almen, hügeligen Weinbergen und weiten Tälern, eisblauen Bergseen, trutzigen Burgen, ehrwürdigen Klöstern und Kultstätten aus grauer Vorzeit gibt es unendlich viel zu entdecken. Darunter auch Secret Places, die nicht auf der Liste der großen Reiseunternehmen zu finden sind.

47 x Fünf-Sterne-Himmel

Wie in kaum einer anderen Region ist die Dichte an Luxushotels in Südtirol enorm. Allein 47 davon haben ein Fünf-Sterne-Prädikat, und jedes Jahr kommt ein neuer Secret Place dazu.

45

Prozent

Etwa 45 Prozent aller Gästeübernachtungen in Südtirol entfallen auf deutsche Urlauber, die sich insbesondere für die Landschaft und das Wandern interessieren.

357

Schnell und bequem auf den Berg: 357 Liftanlagen stehen in Südtirol zur Verfügung. Aber überall da, wo man nur zu Fuß hinkommt, ist es deutlich einsamer.

Land der Naturparadiese

In Südtirol gibt es auf einer Gesamtfläche von über 310 000 Hektar ganze 1169 Naturdenkmäler, 238 Biotope, 7 Naturparks und einen riesigen Nationalpark: das Stilfser Joch.

800

Südtirol besitzt mit rund 800 Burgen, Schlössern und Ruinen besonders viele historische Bauten. Sie zeugen von der bewegten Geschichte Südtirols und von seiner Lage als Durchgangsland. Viele Denkmäler kann man besichtigen, aber je versteckter sie liegen, umso größer ist die Wahrscheinlichkeit, dass sie weniger überlaufen sind.

1 Million

In Südtirol liegt das größte zusammenhängende Apfel-Anbaugebiet Europas. Pro Jahr werden bis zu 1 Million Tonnen Äpfel geerntet. Im Frühjahr bilden die Apfelblüten in den Hainen riesige Blütenteppiche. Wanderwege führen durch die Haine, und am schönsten wandert es sich dort, wo ökologische Landwirtschaft betrieben wird, wie vielerorts im Vinschgau.

Guit gieh lossn

»Lama züikeang und guit gieh lossn« – lasst uns einkehren und es uns gut gehen. Keine Angst, auch wenn die Südtiroler 40 Dialekte sprechen: Hochdeutsch versteht hier jeder. Die offiziellen Landessprachen sind Deutsch, Italienisch und Ladinisch. Letzteres ist eine wunderbar klingende, alte Sprache, die nur noch von 4 Prozent der Südtiroler gesprochen wird.

Berge, Täler und Grenzen

Die meisten Gebiete in Südtirol sind durch ihre Täler und die dazugehörigen Flüsse bezeichnet. Heute vermischen sich, zumindest für den Urlauber, einige Grenzen durch touristische Zugehörigkeiten. Unsere Einteilung in **Vinschgau** und seine Täler, **Meran und Burggrafenamt, Bozen und Unterland, Eisacktal, Pustertal** sowie seine Seitentäler und die **Dolomiten** sind dabei nur grobe geografische Richtlinien.

ÖSTERREICH
SCHWEIZ
ITALIEN
Kappl
See
Trisanna
Ladis
Kauns
St. Leonhard im P.
Längenfeld
Neustift im Stubaital
Stubaier Alpen
Hexen-K. 3038
Feichten
Schrankogel 3496
Gschnitz
Ischgl
Inn
Pfunds
Sölden
Zuckerhütl 3507
Becherhaus 3195
37
Samnaun
Mittelberg
Zwieselstein
Ridnauntal
Timmelsjoch 2474
14
St. Martin am Schneeberg
15
Ridnaun
Nauders
Wildspitze 3774
Ötztaler Alpen
Obergurgl
Vent
Reschenpass 1504
Moos in Passeier
Passeiertal
Jaufenpass 2099
Ramosch
Reschen am See
1 Plamort Vinschgau
Melag
Schluchtenweg 16
2 Langtaufer Tal
Graun im Vinschgau
Reschensee
Weißkugel 3736
17 Pfelderer Tal
Pfandler Alm 18
St. Leonhard in Passeier
Sankt Martin in Passeier
Hohe Wilde 3480
Saltaus
22 Spronser Seen
19 Maiser Waalweg
Watles 4
Thanai
Wasserfall 13
Dorf Tirol
Schenna
20
Burgeis
Mals i. V.
Schnals
Partschins
21
Meran
Kloster Marienberg 3
7 Churburg
Vinschgau
Pass dal Fuorn/Ofenpass 2149
Münstertal 6
Glurns
5
Schluderns
Naturns
12 Plaus
23 Vigiljoch
28 Salten
Müstair
Göflaner Alm 9
Schlanders
Kastelbell
Sarnthei
Astfe
Sta. Maria
Etsch
Laas
Latsch
10 St. Martin am Kofel
Schnatterpeck
Lana
25 Knottnkino
Gomagoi
Plima-schlucht 11
Martell
Vilpian
Trafoi
2501
2757
Stilfser Joch
Ortler 3905
8 Sulden
Martelltal
St. Walburg
Nals
29 Burg Neuhaus (Maultasch)
Terlan
Zoggler-Stausee
26 Ultental
Le Palade/Gampenjoch 1512
BOZE
Bórmio
St. Gertraud
Ortlergruppe
Eppan
S. Caterina Valf.
Mendelpass 1363
Fondo
Leuchtenburg
Kaltern 31
Revò
Cles
Malè
Tramin
32 Castelfelder
Auer
33 Fleimradv
Pso. di Gávia 2621
Dimaro
Cusiano
Noce
Kurtasch
Neumarkt
Etschtal
Denno
Ponte di Legno
1883 Pso. di Tonale
1700
Mezzocorona
Salurn
35 Haderburg
Madonna di Campiglio
Sankt Maria im Pein
S. Michele all ´A.
Édolo

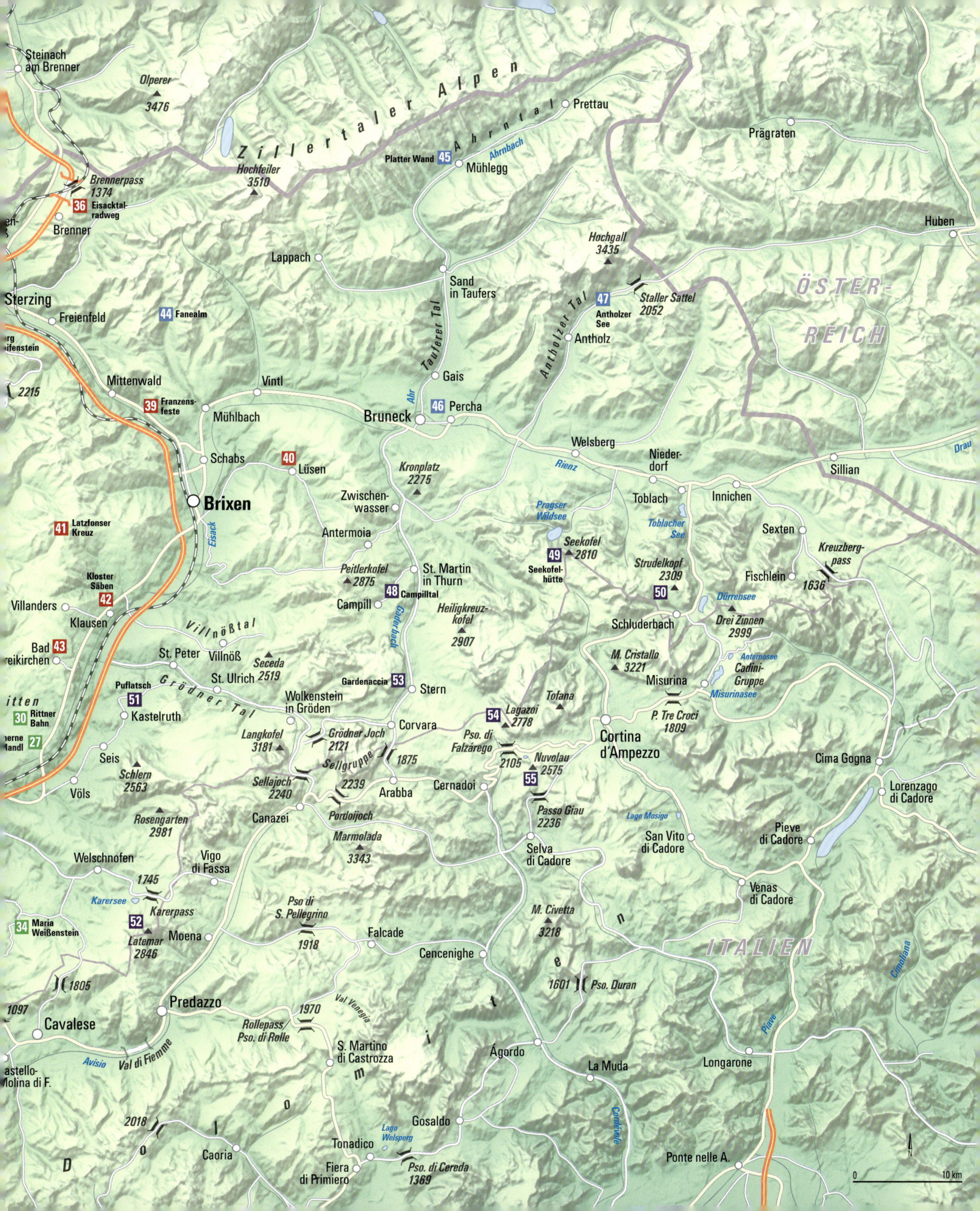

Steinach am Brenner
Olperer 3476
Zillertaler Alpen
Prettau
Prägraten
Ahrntal
Ahrnbach
Platter Wand 45
Mühlegg
Brennerpass 1374
36 Eisacktal-radweg
Hochfeiler 3510
Brenner
Huben
Hochgall 3435
Lappach
Sand in Taufers
47 Antholzer See
Staller Sattel 2052
ÖSTERREICH
Sterzing
Freienfeld
44 Fanealm
Tauferer Tal
Antholzer Tal
Antholz
2215
Mittenwald
Vintl
Gais
Ahr
39 Franzensfeste
Mühlbach
Bruneck
46 Percha
Welsberg
Drau
Schabs
40 Lüsen
Kronplatz 2275
Rienz
Niederdorf
Sillian
Brixen
Zwischenwasser
Toblach
Innichen
Pragser Wildsee
Toblacher See
41 Latzfonser Kreuz
Eisack
Antermoia
Seekofel 2810
Sexten
Kreuzbergpass 1636
49 Seekofelhütte
Strudelkopf 2309
Kloster Säben 42
Peitlerkofel 2875
St. Martin in Thurn
Fischlein
48 Campilltal
50
Dürrensee
Villanders
Campill
Heiligkreuzkofel 2907
Klausen
Gaderbach
Schluderbach
Drei Zinnen 2999
Villnößtal
Bad 43
St. Peter
Villnöß
Seceda 2519
M. Cristallo 3221
Antornosee
Cadini-Gruppe
St. Ulrich
Gardenaccia 53
Stern
Misurina
Misurinasee
Pufltatsch 51
Grödner Tal
Wolkenstein in Gröden
Tofana
30 Rittner Bahn
Kastelruth
54 Lagazoi 2778
P. Tre Croci 1809
Langkofel 3181
Grödner Joch 2121
Corvara
Cortina d'Ampezzo
27
Pso. di Falzárego 2105
Seis
Sellgruppe
1875
Nuvolau 2575
Cima Gogna
Schlern 2563
Sellajoch 2240
2239
Arabba
Cernadoi
55
Lorenzago di Cadore
Völs
Pordoijoch
Passo Giau 2236
Lago Mosigo
Rosengarten 2981
Canazei
Marmolada 3343
Pieve di Cadore
San Vito di Cadore
Selva di Cadore
Welschnofen
Vigo di Fassa
1745
Venas di Cadore
Karersee
Karerpass
Pso di S. Pellegrino 1918
M. Civetta 3218
34 Maria Weißenstein
52 Latemar 2846
Moena
Falcade
Cencenighe
ITALIEN
Piave
Cimoliana
1805
1601 Pso. Duran
1097
Predazzo
Val Venegia
Cavalese
Rollepass Pso. di Rolle 1970
Dolomiten
Avisio
Val di Fiemme
S. Martino di Castrozza
Ágordo
La Muda
Longarone
Cordevole
2018
Gosaldo
Lago Welsperg
Caoria
Tonadico
Fiera di Primiero
Pso. di Cereda 1369
Ponte nelle A.
0 10 km

VORWORT

SECRET PLACES IN SÜDTIROL

Südtirol ist so vielseitig: Es reicht von den hohen Gletscherbergen im Norden und in der Ortlergruppe bis zu den Rebgärten um Bozen und Meran. Neben den Gletscherbergen sind die Dolomiten ein wichtiger Teil des Landes. Die eindrucksvollen Felsgipfel sind über Südtirols Grenzen berühmt und entsprechend besucht.

← Diözesanmuseum in Brixen: Innenhof mit Arkaden der Hofburg
↙ Die Sassongher-Scharte (2435 m)
↘ Wallfahrtskirche Latzfonser Kreuz in den Sarntaler Alpen

Genau in der Beliebtheit Südtirols liegt die große Herausforderung dieses Buchs: besondere Orte zu finden, an denen man nicht im Touristenstrom erstickt. Wir haben uns bemüht Ziele auszusuchen, die speziell und dennoch typisch für Südtirol sind. Dabei haben wir Wert auf eine möglichst große Vielfalt gelegt. In unserer Auswahl sind besondere Plätze im Tal, abgelegene Ziele in den Bergen oder interessante Orte in Städten. Für jeden ist etwas Neues dabei – ob kulturhistorisch, geologisch oder in Flora oder Fauna. Manche Tipps werden Sie vielleicht kennen, aber manches wird Ihnen auf der Reise durch dieses faszinierende Land garantiert unbekannt sein.

Südtirols Regionen neu entdeckt

Wir haben dieses Buch in fünf Regionen unterteilt und beginnen im Westen mit dem Vinschgau. Hier finden sich Ziele wie die Festung Plamort mit ihren bizarren Sperranlagen und Bunkern, die an den Ersten Weltkrieg gemahnen, aber auch das gemütliche Bergsteigerdorf Sulden oder das mächtige Kloster Marienberg. Alle diese Orte sind meistens von interessanten und landschaftlich schönen Wandertouren umgeben. Gleichzeitig gibt es Ziele wie die wilde Plimaschlucht im hinteren Martelltal oder die Göflaner Alm, wo wir dem Abbau des Göflaner Marmors näherkommen.
Die nächste Region ist Meran mit dem Burggrafenamt. Wir folgen hier den Spuren des Südtiroler Freiheitskämpfers Andreas Hofer, besuchen beeindruckende Naturdenkmäler wie die Passerschlucht oder Gletschermühlen im hinteren Passeiertal. Auch Secret Places, die in luftigen Höhen liegen und nur mit viel Schweiß besucht werden können, gehören dazu, wie die höchstgelegene Bergbauregion Europas am Schneeberg und die beeindruckenden Spronser Gebirgsseen in der Texelgruppe. In der Region um Bozen sind die Ziele etwas einfacher zu erreichen. Wir fahren mit der historischen Schmalspurbahn am Ritten, besuchen den Salten, die Wallfahrtskirche Maria Weissenstein und geheimnisvolle Kultplätze um Castelfeder. Die Wanderung zu den mystischen Stoanernen Mandln ist wohl die anstrengendste Tour. Das vierte Kapitel bringt uns ins Eisacktal, wo wir auf der alten Bahntrasse auf dem Eisacktalradweg unterwegs sind, Kloster Säben bei Klausen und die Franzensfeste erkunden und zum Wallfahrtsort Latzfonser Kreuz wandern. Eine Besonderheit bildet das Becherhaus, das auf über 3000 Metern auf einem Gipfel der Stubaier Alpen steht. Ein kleines Kapitel führt uns ins Pustertal. Danach stellen wir in einem letzten Kapitel Secret Places in den Dolomiten vor. Hier war es nicht einfach, gut erreichbare und wenig frequentierte Ziele zu finden. Wir denken, dass uns das mit der Tour zum Lagazuoi-See, dem Strudelkopf und der Gardenacia-Hütte gut gelungen ist.

Wir wünschen Ihnen viel Freude auf Ihrer Erkundungsreise durch Südtirol beim Entdecken der 55 Secret Places!

Lisa & Wilfried Bahnmüller & Markus Meier

Blick auf Burg Burgeis
mit der Ortlergruppe

VINSCHGAU

Der Vinschgau erstreckt sich vom Reschenpass bis hinunter nach Meran. Über 1000 Höhenmeter und mehrere interessante Vegetationsstufen liegen zwischen diesen beiden Etappen.

1

PLAMORT UND DER ALPENWALL – SZENERIE EINES DRAMAS

DRACHENZÄHNE IN DER BERGWELT

Die Hochebene Plamort und die Etschbunker liegen oberhalb des Reschensees unweit des Dreiländerecks zwischen Schweiz, Österreich und Italien. Inmitten dieser idyllischen und spektakulären Gebirgslandschaft wirken die Reste des Alpenwalls aus dem Zweiten Weltkrieg befremdlich. Sie erinnern uns daran, wie wichtig Frieden ist.

Der Duce, Italiens faschistischer Diktator Benito Mussolini, war eigentlich ein Verbündeter Adolf Hitlers. Doch das gegenseitige Vertrauen war nicht allzu groß. Als Hitler im März 1938 den Anschluss Österreichs an das Nationalsozialistische Deutsche Reich veranlasste, dehnte er seine Macht und sein Reich nach Süden bis an die Grenze zu Italien aus. Es gab zwar den Stahlpakt vom Mai 1939, der die gegenseitige Unterstützung im Kriegsfall samt Anerkennung der Grenze am Brennerpass zwischen dem Deutschen Reich und Italien sicherte. Doch Mussolini fürchtete eine Invasion der Deutschen und argwöhnte, dass das ursprünglich österreichische Südtirol an das Deutsche Reich fallen könnte. Erst wenige Jahre zuvor war es nach dem Ersten Weltkrieg unter heftigem Widerstand der Südtiroler Italien zugesprochen worden. Mussolini ließ daher ab 1938 entlang der Grenze zwischen Ventimiglia und dem heutigen Kroatien ein gigantisches Verteidigungssystem erbauen: den Vallo Alpino del Littorio (Alpenwall). Für den befestigen Schutzwall entstanden unzählige Sperranlagen in Tälern, auf Pässen und an strategisch bedeutenden Punkten auf den Bergen. Bunker, Panzersperren, Schützengräben, Kampf- und Beobachtungsstände, Versorgungsgänge, Kasernen sowie Artilleriebastionen wurden errichtet. Die enormen Baumaßnahmen blieben den Deutschen nicht verborgen, und so wurden die Arbeiten nach deren Protest 1942 eingestellt. Der Bauabschnitt bei Reschen war jedoch bereits funktionstüchtig. Zumindest dort musste kein Soldat sein Leben lassen, denn die Grenzsicherung im Dreiländereck wurde 1943 kampflos übergeben, als die deutsche Wehrmacht in Italien einmarschierte. Heute nach 80 Jahren findet man die Reste des Alpenwalls in ganz Südtirol. Bei Reschen unweit der Grenze nach Tirol haben sie sich besonders gut erhalten.

Getarnt und mit der Natur verschmolzen

Mitten im Wald verstecken sich die Etschbunker, die zum Schutz des Talgrunds errichtet wurden. Die unterirdischen Anlagen mit Schießscharten und Geheimtüren sollten möglichst unauffällig sein und mit der Natur verschmelzen. Teils wurden sie in den Berg geschlagen, meist aber sind die Felsen künstlich aus Beton gespritzt. Moose und Farne bedecken die Anlagen heute – die perfekte Tarnung. Mit einer Länge von 270 Metern ist Bunker Nr. 20 der bekannteste, wenn auch nicht der größte. Bei einer Führung kann man das Innere besichtigen. Dabei sollte man sich warm anziehen, denn in der Bunkeranlage herrscht eine konstante Temperatur von 7 °C. Von außen sind die Bunker frei zugänglich und bei einem kurzen Spaziergang erreichbar.

→ Unheimlich wirken die sogenannten Drachenzähne auf der Hochebene Plamort.

Zu den Kampfständen mit den Drachenzähnen auf der Plamort gelangt man dagegen nur mit dem Mountainbike oder zu Fuß. Wer sich für eine Wanderung entscheidet, hat einen Aufstieg von zwei Stunden vor sich.

Kunstobjekt Drachenzähne?

Die sogenannten Drachenzähne von Plamort sollten einst den Grenzübergang hoch oben am Berg sichern. Neben neun verstreuten Bunkeranlagen samt Versorgungsgängen gibt es auf der Hochebene auch Reste einer gut erhaltenen Panzersperre. In drei Reihen wurden ursprünglich auf 500 Meter Länge betonummantelte Eichenpfähle in den Boden gerammt und mit stählernen Spitzen versehen. Die scharfen Zacken ragen einem Kunstobjekt gleich in den Himmel. Ein bizarrer Anblick, denn die martialischen Drachenzähne stehen im krassen Kontrast zur herrlichen Südtiroler Bergkulisse. Noch dazu ziehen sich die Anlagen mitten durch ein liebliches Hochmoor, in dem Schmetterlinge und Libellen zwischen wogendem Wollgras tanzen. Ein Stück weiter am Grenzübergang, der nur durch ein hölzernes Tor markiert ist, wehen heute tibetanische Gebetsfahnen im Wind. Ein Gesamtbild, das an Freiheit und Frieden gemahnt – zwei fragile Werte, die es zu bewahren gilt.

Der Reschensee und der Grauner Kirchturm

Heutzutage ist es ein Leichtes, sich auf der Plamort zwischen den beiden Ländern hin und her zu bewegen. Von Österreichischer Seite führt sogar ein Lift nahe an die einstigen Verteidigungslinien. Zumindest einige Höhenmeter Aufstieg erspart man sich mit seiner Hilfe. Wer von Reschen in Südtirol zur Bergtour auf die Plamort startet, wird mit einem herrlichen Panoramablick über den Reschensee belohnt – eine Aussicht, die den Erbauern des Alpenwalls in den 1930er-Jahren noch nicht gewährt wurde. Pläne zur Nutzung der Wasserkraft der Etsch und der Anlage eines Stausees gab es bereits im Jahr 1911, aber erst nach dem Zweiten Weltkrieg wurde das Projekt mit aller Macht und ohne Rücksicht auf Verluste durch die italienische Regierung umgesetzt. Als man am 1. August 1949 begann, den See bei Reschen zu stauen, riss das eine weitere tiefe Kluft auf zwischen Italienern und Tirolern. Sie sprachen noch nicht einmal die gleiche Sprache und waren sich damals einfach fremd. Für den Stausee wurden die Häuser und Höfe in der Gemeinde Graun und ein Teil der Ortschaft Reschen mit den Weilern von Arlund, Piz, Gorf sowie die Stockerhöfe abgetragen und überflutet. Heute ist der Reschensee mit seinem denkmalgeschützten Grauner Kirchturm, der wie ein mahnender Finger aus dem See ragt, in jedem Reiseführer zu finden. Gleichzeitig ist der Turm ein Denkmal und ein Sinnbild der jüngeren Geschichte Südtirols, die gerade bei den älteren Bewohnern im Oberen Vinschgau Narben hinterlassen hat. Wer bei einer Stippvisite am Reschensee noch etwas Zeit hat, sollte den legendären Turm unbedingt besuchen.

↗ Je nach Wasserstand kann man sogar um den Grauner Kirchturm im Reschensee wandern.
↖ Eine der Bunkeranlagen auf der Hochebene Plamort
← Heute wehen auf der Hochebene Friedensfahnen an der Grenzmarkierung zu Österreich.

INFO

ETSCHQUELLE, BUNKER NR. 20 UND RESCHENSEE

Ganz nah an den Etschbunkern liegt die Etschquelle, die man auf einem kurzen Spaziergang erreicht. Mit 450 Kilometern Länge ist die Etsch nach dem Po der zweitlängste Fluss Italiens.
Sie fließt durch das Vinschgau und vereint sich bei Bozen mit der Eisack. Auf ihrem Weg nach Süden wird sie zur italienischen Adige, dreht bei Verona Richtung Osten ab und mündet südlich von Venedig bei Chioggia in die Adria.
Um den Erhalt der Etschbunker und der Drachenzähne von Plamort kümmert sich der Kulturverein Oculus. Der Verein organisiert auch Führungen durch das Labyrinth der militärischen Bauten und Bunkeranlagen, bei denen man tief in die jüngere Geschichte Italiens und Südtirols eintaucht. Zu guter Letzt lädt der nahe Reschensee zu einem längeren Stopp ein. Der Kirchturm von Graun verändert sein Bild im Wechsel der Jahreszeiten und je nach Wasserstand des Sees. Der Turm ist zwar kein Geheimtipp mehr, besitzt aber nach wie vor einen geheimnisvollen Zauber.

WEITERE INFORMATIONEN

Touristinfo: vinschgau.net
Führungen in Bunker Nr. 20 gibt es auch über die Touristinfo Reschenpass. Die Führungen finden zwischen Mai und Ende September jeweils Freitag um 15 Uhr statt – oder nach Absprache.

Die Etsch entspringt in der Nähe von Dorf Reschen.

2

LANGTAUFERER TAL – WOVON BERGFANS TRÄUMEN

TOUREN IN URSPÜNGLICHER NATUR

Östlich des Reschensees verläuft das Langtauferer Tal. Dieses Seitental im nördlichen Vinschgau ist immer noch recht unberührt. Im Langtauferer Tal gibt es einige schöne Wanderrouten in stiller und abgeschiedener Bergregion. Dabei sind die Touren zu den Wander-Dreitausendern besonders zu empfehlen.

Nachdem der geplante Zusammenschluss der beiden Skigebiete Maseben in Langtaufers und der Kaunertaler Gletscherskigebiete ad acta gelegt wurde, blieb das Langtauferer Tal dem sanften Tourismus erhalten. Die Gegend besitzt das ganze Jahr über Anziehungskraft – im Winter als überschaubares Skigebiet mit schönen Langlaufloipen, im Sommer als Region für Bergwanderungen und anspruchsvolle Gletschertouren. Besonders empfehlenswert ist eine Wanderung zur Weißkugelhütte auf 2557 Metern. Diese Hütte hat urigen Charme. Schon seit Jahren ist ein Neubau geplant, der nun wohl realisiert wird. Wir wollen die Weißkugel-Hüttenrunde und eine Wanderung zum Vorderen Schmied (3122 m) vorstellen, einem leichten Wander-Dreitausender. Außerdem geht es zur Nockspitze (3006 m), zur Tiergartenspitze (3068 m), auf den Grauner Berg (2626 m) und den Großen Schafberg (3001 m).

Panorama-Höhenweg zur Weißkugelhütte

Ausgangspunkt für unsere Wanderung zur Weißkugelhütte ist der Parkplatz im Weiler Melag. Von hier aus geht es zuerst zwischen den Häusern hindurch auf dem Weg Nr. 1 entlang in nördlicher Richtung, bis man zu einem Wegkreuz gelangt. Von hier folgen wir dem Weg Nr. 1 A zum Melagbach, den wir auf einem Steg überqueren. Der Weg führt weiter zum Rastlegg und quert dann die steilen Hänge unterhalb der Nockspitze (3006 m). Die Sicht hinüber zur mächtigen Weißkugel (3738 m) mit ihren eindrucksvollen Gletschern begeistert immer wieder. Diesen Ausblick muss man genießen! Dem Weg weiter folgend, erreicht man schließlich eine Hirtenhütte. Unweit der Hütte lädt eine Bank an einem Kreuz zu einer ersten Pause ein. Danach geht es auf dem Höhenweg weiter bergan. Bald trifft man auf den Weg, der direkt zur Weißkugelhütte führt, wo man gemütlich einkehren und die herrliche Bergkulisse bestaunen kann. Zurück nach Melag gelangt man am schnellsten auf dem Hüttenweg.

Auf dem Gletscherlehrpfad

Wer nach der Einkehr in der Weißkugelhütte noch etwas weiterwandern möchte, erkundet den interessanten Gletscherlehrpfad, der von der Hütte aus zur Melager Alm führt. Wir gehen hier den Weg ein Stück taleinwärts entlang bis zur Moräne des Langtauferer Ferners und dann in einem weiten Bogen hinüber zur südlichen Seitenmoräne. Von hier aus führt der Weg hinunter in den Talboden. Immer wieder sind auf der Wegstrecke Tafeln aufgestellt, die über die Gletscherwelt an der Weißkugel informieren.

← Auf der Tiergartenspitze (3068 m)

An der Melager Alm überqueren wir eine Brücke und stoßen so wieder auf den Hüttenweg, der von der Weißkugelhütte herunterkommt. Auf diesem Weg wandern wir über die weiten Wiesen wieder zurück zu unserem Ausgangspunkt nach Melag. Dort kann man zum Abschluss der Wanderung im kleinen Café am Parkplatz noch einen köstlichen Apfelstrudel genießen.

Auf zum Vorderen Schmied

Der Vordere Schmied (3122 m) ist ein leichter Wander-Dreitausender, den man von der Weißkugelhütte aus erreicht. Für den Aufstieg folgt man dem hinter der Hütte stehenden Wegweiser nach links und biegt gleich an einem weiteren Wegweiser nach rechts in Richtung »Adlersteig Schmied« ab. Der Steig schlängelt sich in Serpentinen durch felsdurchsetztes Gelände bergauf. Nach einem kurzen flachen Stück und einem weiteren, etwas steileren Abschnitt gelangt man zu einer aussichtsreichen Kuppe. Der Weg führt nun rechts zu einer Rinne und über ein kurzes gesichertes Stück hinauf zum Grat. Wir steigen über den Grat aufwärts und bleiben meist rechts vom Grat. Bald gelangt man zur Gipfelfläche oberhalb des Kreuzes. Hier leiten Steigspuren und Markierungen nach links zum höchsten Punkt des Vorderen Schmied. Die Aussicht, die sich von hier aus vor allem auf die nahe, mächtige Weißkugel bietet, ist spektakulär. In einigen Kehren steigen wir schließlich wieder zurück zur Abzweigung und gehen von dort weiter bergab zum Gipfelkreuz auf dem Adlerkopf. Dort steht eine Bank, die zu einer gemütlichen Rast mit eindrucksvollem Panoramablick einlädt.

Der Abstieg geht vom Adlerkopf aus kurz nach links und fällt dann steil ab. Man gelangt an grobes Blockwerk, durch das man ein wenig mühsam Richtung Osten quert. Der Weg biegt anschließend nach rechts ab und führt ziemlich steil über eine felsdurchsetzte Wiesenflanke bergab zum quer verlaufenden Richterweg. Auf diesem wandern wir nach rechts und gelangen in wenigen Minuten wieder zurück zur Weißkugelhütte.

Nockspitze – lohnende Aussicht!

Ein weiterer empfehlenswerter Wander-Dreitausender ist die Nockspitze (3006 m). Der erste Anstieg ist identisch mit dem Panorama-Höhenweg hinauf zur Weißkugelhütte. Der Gipfelanstieg zur Nockspitze zweigt dann an der bereits beschriebenen Hirtenhütte mit der Bank ab. Gleich hinter dem Kreuz findet man einen Wegweiser. Erstmals ist hier auch die Nockspitze ausgeschildert. Der Weg führt durch das einsame Falgintal aufwärts bis zu einer weiteren Abzweigung, an der es zur Weißkugelhütte nach rechts abgeht. Wir wandern das Tal jedoch weiter aufwärts bis zu einem großen Felsen und befinden uns jetzt bereits auf 2600 Metern. Hier ist der Abzweig nach links zur Nockspitze angeschrieben. Wir folgen dieser Markierung

↗ Die alte Weißkugelhütte
← Aufstieg zum Vorderen Schmied (3122 m)

aufwärts an die Ostflanke des Bergs. Von oben leuchtet bereits das Gipfelkreuz herunter. Je näher man an die Flanke herankommt, umso mehr Geröll spürt man unter den Füßen. Dadurch wird es etwas beschwerlicher, voranzukommen. Der Steig sucht sich einen überraschend leichten Weg durch die Flanke hinauf zum Südostrücken. Durch den steilen Anstieg und das Geröll ist auf dieser Wegstrecke Trittsicherheit erforderlich, wirklich schwer ist der Anstieg aber nicht. Oben am Rücken wird das Gelände deutlich flacher. Der Steig führt nun über Schutt und Geröll aufwärts in Richtung des höchsten Punkts. Auffällig ist hier, dass die Markierungen sich teilweise rechts an den Felsen befinden, obwohl der weiter links verlaufende Steig deutlich angenehmer zu gehen ist. Ohne besondere Schwierigkeiten gelangt man so bis kurz vor das Gipfelkreuz. Über eine leichte Felsstufe steigt man hinauf zum Kreuz auf der Nockspitze, von dem aus sich eine fantastische Rundumsicht bietet. Anschließend geht es auf dem Anstiegsweg wieder zurück bis zur steilen Ostflanke. Von dort aus steigt man durch die Flanke hinunter bis ins ruhige Falgintal (vorsichtig absteigen!). Der weitere Abstieg erfolgt auf dem Anstiegsweg bis nach Melag zum Ausgangspunkt unserer Tour.

Aufstieg zur Tiergartenspitze

Der dritte Wander-Dreitausender im Langtauferer Tal ist die Tiergartenspitze (3068 m). Leider gibt es den Sessellift nach Maseben nicht mehr, sodass man die 1,5 Stunden zu Fuß aufsteigen muss. In Maseben folgt man der Markierung Nr. 19 (Wegweiser »Tiergarten«) etwas oberhalb des Falbenairtals über grasiges Gelände bis zu einer Mulde. Von hier geht es weiter aufwärts über grasdurchsetztes Gelände zu einer weiteren Mulde: dem Tiergarten. Und tatsächlich begrüßen einen hier die Pfiffe der Murmeltiere. Blockwerk beherrscht nun den weiteren Weg. Nach einem steileren Stück entlang des Stoankarls gelangt man in die weite Mulde unterhalb des Gipfels der Tiergartenspitze.

Links von uns befindet sich nun der Schwarzkopf (3002 m). Wir folgen weiterhin den Markierungen über steiles Blockwerk hinauf auf den Gipfel der Tiergartenspitze. Bei trockenen und schneefreien Verhältnissen ist der Gipfelanstieg nicht besonders schwierig. Bei Schnee oder Vereisung jedoch kann der Anstieg unangenehm werden. Vorsicht ist geboten! Vom Gipfel der Tiergartenspitze genießt man eine gigantische Aussicht: Nebenan steht der markante Danzebell (3148 m), unter uns verläuft das Langtauferer Tal mit der Klopaier Spitze (2918 m) und einem Blick bis hin zur Weißseespitze (3510 m). Besonders eindrucksvoll aber ist der Ausblick zum Talschluss mit dem Gepatschferner und den Hintereisspitzen (3485 m). Der Abstieg verläuft im Wesentlichen auf dem Anstiegsweg. In der Mulde unter dem Gipfelaufbau kann, wer mag, noch einen kleinen Abstecher zum Schwarzkopf (3002 m) unternehmen. Auf seinem Gipfel ist ein riesiges Steinmännchen aufgeschichtet. Danach wandern wir wie beim Aufstieg hinunter zur Bergstation des Maseben-Sessellifts. Im Restaurant an der Bergstation mit dem fantasievollen Namen »Atlantis der Berge« lohnt es sich, vor der Abfahrt Sonne und Aussicht bei einer Pause zu genießen.

Grauner Berg und Großer Schafkopf

Der Grauner Berg ist mit 2626 Metern kein Wander-Dreitausender, aber dennoch ein lohnendes Wanderziel mit einer wunderbaren Aussicht auf den Reschensee. Direkt vom Dorf Graun aus geht es auf dem Weg Nr. 5 über die steilen Hänge aufwärts zur Roßböden-Alm. Von hier führt der Weg Nr. 5 zum Kreuz auf dem Grauner Berg. Der Blick auf den See ist beeindruckend. Hier oben kann man sich stundenlang ins Gras setzen und die Aussicht genießen. Für den Abstieg nehmen wir erst den Weg Nr. 5 A direkt nach Süden. Auf der Schotterstraße geht es zurück zur Alm und von dort aus auf dem bekannten Weg hinunter nach Graun. Wer die Tour ein wenig ausdehnen möchte, dem empfehlen wir einen Abstecher zum idyllischen Pedross-See unter den Südhängen der Plamorter Spitze. Den See erreicht man auf dem Weg Nr. 4. In der herrlichen Berglandschaft kann man bei einer Pause die Stille genießen.

Etwas östlich vom Pedross-See liegt der Große Schafberg (3001 m), ein weiterer Wander-Dreitausender im Langtauferer Tal. Vom Weiler Gschwell aus steigt man auf einem steil ansteigenden Wanderweg hinauf bis zum Langtauferer Höhenweg. Hier geht es nach links ab auf dem Höhenweg bis zum Gschweller See. Am See zweigt dann nach rechts ein Steig zum Wölfelesjoch ab. Von hier erreicht man über den gut gangbaren Südrücken den Gipfel, von dem aus sich eine fantastische Rundumsicht bietet.

↗ Der Ausblick von der Tiergartenspitze (3068 m)
↖ Auf der Weißkugel (3738 m)
← Berghütte Maseben

INFO

ROJENTAL

Auf der westlichen Seite des Reschensees liegt das Rojental. Auch wenn sich am Taleingang das Skigebiet Schöneben befindet, ist dieses Tal vom Massentourismus doch verschont geblieben und recht ursprünglich. Im Sommer trifft man hier fast nur Wanderer an, im Winter sind die weiten, sanften Hänge für Skitouren beliebt. Im Tal befindet sich ein kleiner Gasthof, der zur Einkehr einlädt. Oberhalb des Rojentals liegen die Nockenköpfe. Sowohl der Innere Nockenkopf (2744 m) als auch der Äußere Nockenkopf (2767 m) laden zu einer Wanderung auf einem guten, markierten Steig ein. Beide Gipfel könnte man theoretisch in einer Tour über den Verbindungskamm besuchen. Allerdings gibt es nur Steigspuren und keinen ausgeprägten Weg. Daher ist diese Variante allein erfahrenen Berggängern vorbehalten. Weiter hinten im Tal lockt mit dem Grionkopf (2896 m) ein weiteres, einfaches und stilles Wanderziel. Die Runde kann man noch ausbauen und eine Gipfelrundtour über Rasasspitze (2941 m) und Seebodenspitze (2859 m) unternehmen. Wem dies für einen Tag zu weit ist, der kann die Sesvennahütte besuchen und dort nächtigen. Außer in der Hütte begegnet man auf diesen einsamen Wegen kaum anderen Wanderern. An diesem Ort gelingt es: einfach einen Tag mit sich und der Natur verbringen.

Blick ins Rojental

WEITERE INFORMATIONEN

Touristinfo: reschenpass.it
Ausgangspunkt: Parkplatz in Melag
GPS: 46.836954, 10.655219
12 Kilometer, 4,5 Stunden, 650 Höhenmeter (Weißkugel-Hüttenrunde)

3

KLOSTER MARIENBERG – BURG ODER TIBETISCHER TEMPEL?

VERWEILE IN DER STILLE!

Marienberg ist eindeutig ein christliches Kloster, auch wenn es wie eine Festung oder ein Kloster in Tibet aussieht. Mag sein, dass das mit der exponierten Lage Marienbergs zu tun hat, denn schließlich wurden Klöster und Burgen über alle Kulturen und Kontinente hinweg oft an steilen Berghängen und hoch über dem Tal errichtet. Marienberg ist ein Ort der Stille und Besinnung, aber auch der Begegnung.

Marienberg galt seit vielen Jahrhunderten Pilgern und Reisenden, die auf der römischen Via Claudia Augusta Richtung Süden zogen, als wichtige Landmarke. Aber auch alle Einheimischen aus dem Tal orientierten sich an dem mächtigen Klosterbau auf dem Berg.

Das Kloster entstand um 1150, als die Herren von Tarasp im Engadin ihr Hauskloster bei Scuols ins Obere Vinschgau verlegten. Ulrich von Tarasp stattete es reich mit Gütern aus, um ihm ein dauerhaftes Überleben zu sichern, und ließ die nahe Burg Kastellaz abbrechen, um zu vermeiden, dass von dort eine Bedrohung für das Kloster ausgehen könnte. Die ersten Mönche holte Ulrich von Tarasp aus dem schwäbischen Kloster Ottobeuren. Vom Zeitpunkt seiner Gründung an erlebte der Marienberg ein stetiges Auf und Ab. Im Jahr 1418 brannte das Kloster bis auf die Grundmauern nieder, doch erhielt 20 Jahre später der Abt vom Papst die Erlaubnis, die Pontifikalien zu tragen, was ihn in den Rang eines Bischofs erhob und dem Kloster einen Aufschwung bescherte. Während des Bauernaufstands 1525 wurde das Kloster geplündert, und zu Beginn des 17. Jahrhunderts lebte nur noch ein einziger Mönch auf dem Marienberg. Man dachte über die Auflösung des Klosters nach, als der tatkräftige Abt Matthias Lang aus dem schwäbischen Kloster Weingarten den Marienberg in kurzer Zeit zur neuen Blüte brachte. Der unvermutete Aufstieg wurde von Rom belohnt: Seit 1669 ist Marienberg direkt dem Papst unterstellt.

Das Kloster Marienberg war stets ein Bildungszentrum für den oberen Vinschgau. Nachdem das Klostergymnasium 1986 geschlossen wurde, widmen sich die Mönche heute der Erwachsenenbildung, der Betreuung von Pilgern und der Seelsorge in den umliegenden Gemeinden.

Überraschende Sehenswürdigkeiten

Marienberg gilt als das höchstgelegene Kloster des Benediktinerordens. Erbaut wurde es unterhalb des Watles zwischen Mals und den Ausläufern der Malser Heide auf einer Höhe von 1340 Metern. Zu Füßen des Marienbergs liegt die Gemeinde Burgeis, von der aus eine Straße bis zum Besucherparkplatz des Klosters führt. Von dort sind es nur wenige Minuten zu Fuß bis zum Klosterbau – eine gute Einstimmung, kann man dabei doch die weite Aussicht über den Vinschgau genießen. Wer dann den Klosterhof betritt, erlebt, was klösterliche Stille bedeutet: Das Rauschen des Fernverkehrs auf der Reschenstraße ist mit einem Schlag verschwunden. Allein das beruhigende Plätschern des Klosterbrunnens unter dem Relief des Ordensgründers Benedikt ist noch zu vernehmen.

→ **Trutzig wirkt das Kloster Marienberg und durch die zahlreichen kleinen Fensteröffnungen fast wie ein tibetisches Klostergebäude.**

→ Mals und seine fünf Türme
← Das Innere der barockisierten Klosterkirche ist hell und mit viel barockem Stuck ausgestattet.
↙ Über den Innenhof des Klosters gelangt man zum modernen Museumsbau.

Links im ehemaligen Wirtschaftstrakt befindet sich das Klostermuseum. Etwas weiter führt ein Rundbogenportal in die Klosterkirche. Das Portal stammt aus der Zeit um 1200 und ist somit kurz nach der Klostergründung entstanden. Die Kirche selbst hat man 1642 barockisiert. Der romanische Raumeindruck blieb jedoch gut erhalten, auch wenn der barocke Rankenstuck in reinem Weiß erstrahlt. Sogar der Hochaltar aus der ersten Hälfte des 19. Jahrhunderts fügt sich harmonisch in das Gesamtbild ein.

Eine Überraschung bietet die Krypta der Klosterkirche, die man im Rahmen einer Führung besuchen kann. Der gewölbte Raum unter dem Chor wurde kurz nach der Gründung als erste Kirche der Mönche erbaut. Die Wandmalereien in der Krypta von 1160 zählen neben denen der Burgkapelle auf Burg Hocheppan und in St. Prokulus in Naturns zu den ältesten Wandbildern Südtirols. Die Freskenmalereien über dem Altar zeigen Christus in einer mandelfömigen Gloriole, die von vier hochrangigen Engelwesen, den Cherubim, getragen wird. Darunter sind die Apostel Petrus und Paulus und der Kopf des Stifters Ulrich von Tarasp zu sehen. Im mittleren Kreuzgratgewölbe schweben schlanke, elegante Engel vor einem blauen, mit goldenen Sternen besäten Himmel – die Malereien sind wirklich einzigartig und traumhaft gut erhalten.

Eine Klosterbibliothek unter der Erde

Zu einem richtigen Kloster gehört eine Klosterbibliothek. Marienberg ist im Besitz einer umfangreichen Sammlung von mehr als 100 000 wertvollen Büchern, Handschriften und Urkunden. Seit 2014 hat dieses Archiv ein neues Zuhause. Der bekannte Südtiroler Architekt Werner Tscholl (geb. 1955) war der kreative Kopf hinter den aufsehenerregenden Plänen. Oberirdisch wurden im Herrengarten der Lesesaal und das Archiv untergebracht. Der eigentliche Bau der Bibliothek liegt unterirdisch unter dem Klausurgarten und ist von außen nicht sichtbar. Im Inneren wurde mit viel Glas und poliertem Beton gearbeitet. Diese unterirdische Klosterbibliothek ist in der Tat ein spiritueller Ort. Er ist bei einer Führung einsehbar.

Modernes Klostermuseum und Apfelstrudel

Das Klostermuseum lässt im Gegensatz zur Bibliothek auch ohne Führung erkunden. Architektonisch ist es ein weiteres Highlight. Die Kombination aus altem freigelegtem Mauerwerk mit einer eingebauten modernen Ebene ist sensationell: puristische Glaselemente und Stahlvitrinen, wohin man blickt. Das Museum gewährt Einblick ins Klosterleben von früheren Zeiten bis heute. Die übrigen Räume des Klosters sind nicht zu besichtigen. Hier verteidigen die Mönche mit Erfolg die Ruhe ihres Klosters. Zum Abschluss winkt der Besuch des Klostercafés. Etwas außerhalb der Klostermauern gelegen werden wir dort mit Blick auf die herrliche Landschaft des Obervinschgaus verwöhnt – abgesehen vom Apfelstrudel oder Cappuccino.

INFO

MALS

Gegenüber von Kloster Marienberg liegt auf der anderen Talseite Mals. Das Dorf gilt als Hauptort im Oberen Vinschgau und blickt dabei auf eine lange Geschichte zurück. Bekannt ist Mals für seine teilweise sehr alten Türme. Neben dem mittelalterlichen Rundturm ragen die Kirchtürme von St. Benedikt und St. Martin in den Himmel. Sie gehören zu den 25 »Stiegen zum Himmel«, die man entlang der Alpinen Straße der Romanik zwischen dem Engadin und dem oberen Vinschgau besichtigen kann. Interessant sind die Bauernmärkte von Mals: der Georgimarkt im Frühling und der Gollimarkt im Oktober. Der Georgimarkt ist der bekannteste Pflanzen- und Blumenmarkt des Tals. Der Gollimarkt am Gedenktag des heiligen Gallus ist ein Viehmarkt und markiert das Ende der Erntezeit. Bei allen Märkten steht natürlich der Genuss lokaler Spezialitäten im Vordergrund. Wer auf die beiden Markttermine nicht warten möchte, wird im Bauernladen Pobitzer an der Malser Hauptstraße fündig. Neben regionalen Produkten gibt es dort auch feinste Lederwaren.

WEITERE INFORMATIONEN

Touristinfo: vinschgau.net
Kloster Marienberg: marienberg.it
Das Kloster selbst kann man nicht besichtigen. Krypta und Museum sind von Mitte März bis Ende Oktober geöffnet. Führungen in die Krypta finden Dienstag um 15.30 Uhr, Mittwoch um 16 Uhr, Donnerstag um 10.15 Uhr und Samstag um 15 Uhr statt. Das Museum ist Montag bis Samstag von 10 bis 17 Uhr geöffnet. Im Kloster kann man auch übernachten; es gibt ein Gästehaus.

Wohnsitz des Adelsgeschlechts Lichtenegg am Dorfplatz in Mals

4

ANSITZ RÖFEN – ZU GAST IN SAGENHAFTER BERGKULISSE

PANORAMABLICK ÜBER BURGEIS

Es gibt viele wunderbare Unterkünfte in Südtirol. Aber die Ferienwohnungen Ansitz Röfen übertreffen alles: eine superschöne, moderne Ausstattung aus naturbelassenem Holz und eine prächtige Panoramalage. Die Wohnungen liegen am steilen Südhang über Burgeis und bieten eine grandiose Aussicht auf die schneebedeckten Gipfel der Ortlergruppe.

Die Ferienwohnungen Ansitz Röfen befindet sich direkt unterhalb von Prämajur, wo sich die Talstation des Sessellifts auf den Watles befindet. Zudem zweigt die Straße in das Bergdorf Schlinig von der Zufahrt ab, die zu den Ferienwohnungen führt. Aus diesem Grund möchten wir die Rundwanderung über den Watles (2557 m) und die Tour zur Sesvennahütte (2261 m) vorstellen. Der Watles ist ein wunderbarer Aussichtsberg im Obervinschgau. Von seinem frei stehenden Gipfel aus bietet sich ein großartiger Blick auf die umliegenden Berge und das Vinschgau. Benutzt man den Sessellift bis zur Plantapatsch-Hütte, dann ist die Wanderung einfach und genussvoll.

Aussicht garantiert!

Auf unsere Tour zum Watles starten wir in Prämajur an der Talstation des Sessellifts und lassen uns vom Lift bequem bis zur Bergstation an der Plantapatsch-Hütte fahren. Von dort folgen wir den Wegmarkierungen in Richtung Watles und wandern auf einem komfortabel angelegten Weg bergan zu einer ersten Wegverzweigung. Hier verlassen wir den breiten Weg, der geradeaus weiter zum Pfaffensee führt. Wir halten uns jetzt links und folgen dem Weg Nr. 3. Dieser nur mehr schmale Steig verläuft durch schöne Wiesen. Wir lassen den Abzweig zur Sesvennahütte unberücksichtigt und wandern weiter geradeaus auf den Gipfelkamm des Watles zu. Von hier aus ist bereits das große Gipfelkreuz sichtbar. Über den breiten Kamm lässt es sich einfach hinauf zum Gipfel des Watles spazieren.

Nach einer ausgiebigen Gipfelrast wandern wir am Kamm weiter Richtung Norden. Der Steig mit der Nr. 4 führt im Auf und Ab über den Nordostkamm durch schöne Landschaft. Kurzzeitig spazieren wir durch ein Tälchen. Bald schon steigt der Weg wieder auf den breiten Kamm hinauf und bringt uns etwas später hinunter zu einer Wegverzweigung. Hier halten wir uns rechts. Von hier aus kann man noch die breite Kuppe des Schafbergs (2371 m) in wenigen Minuten besteigen. Im Anschluss steigen wir über die Bergwiesen hinunter in flaches Gelände. Hier biegt der Weg nach rechts ab und bringt uns hinüber zum Pfaffensee. Schön eingebettet liegt dieser Bergsee inmitten der grünen Wiesen. Am Ufer bietet es sich an, nochmals eine kleine Pause einzulegen. Der Weg hinüber zur Bergstation auf dem Weg Nr. 4 A wird nun deutlich breiter. Es folgt ein kurzer Gegenanstieg, und wir kommen zur Abzweigung des Aufstiegswegs. Auf dem breiten, schon bekannten Wanderweg geht es zur Plantapatsch-Hütte an der Bergstation.

INFO

SESVENNAHÜTTE

Die gemütliche Sesvennahütte befindet sich etwas oberhalb des Bergdorfs Schlinig. Auf einem einfachen, breiten Weg wandern wir durch das Tal zur Schlinigér Alm und bis kurz vor den steilen Talabschluss der Schwarzen Wand. Hier weichen wir dann auf einem steilen Steig nach rechts aus und steigen hinauf zur Schwarzen Wand. Auf einem gut ausgebauten Weg erreichen wir schließlich die weiten Wiesen der Sesvennahütte (2258 m), die zu einer Einkehr einlädt. Von der Sesvennahütte aus bietet sich ein beeindruckender Blick auf den mächtigen Ortler. In nächster Nähe der Hütte steht die Alte Pforzheimer Hütte. Sie wurde schon vor dem Ersten Weltkrieg erbaut, später enteignet und war lange Zeit dem Verfall preisgegeben. Mittlerweile ist die Hütte restauriert und dient als Museumsbau.

WEITERE INFORMATIONEN

Touristinfo: vinschgau.net/de/obervinschgau
Ausgangspunkt:
Bergstation Sessellift Watles
GPS: 46.707865, 10.493022
7 Kilometer, 3 Stunden, 420 Höhenmeter

← Der Wasserspielplatz am Watles
↑ Wasserfall unterhalb der Sesvennahütte

5

GLURNS – HANDELSZENTRUM IM MITTELALTER

DIE KLEINSTE STADT IN DEN ALPEN

Die Stadt Glurns wurde vor 700 Jahren gegründet und spielte als kleine Festung immer wieder eine bedeutende Rolle. Mit dem historischen Kern und der Ringmauer hat sich Glurns viel von seinem mittelalterlichen Charme erhalten. Bei einem Bummel durch die Gassen des Städtchens und einer Einkehr kann man das Mittelalter-Feeling genießen. Vom Glurnser Köpfl aus hat man den schönsten Blick auf das Städtchen.

Lediglich 900 Einwohner hat die Stadt Glurns südlich des Tartscher Bühls. Sie wurde im Jahr 1304 erstmals urkundlich erwähnt und war einst ein Verkehrsknotenpunkt an der bereits von den Römern angelegten Via Claudia und ein wichtiger Handelsstützpunkt für Salz. Im Stadtkern dominieren heute noch immer mittelalterliche Laubengänge, Herrenhäuser und Kirchen.

Oberhalb von Glurns liegt der Tartscher Bühel (auch Tartscher Bichl genannt) mit dem romanischen Kirchlein St. Veit. Von dem kargen Hügel aus hat man einen weiten Blick auf Mals und Glurns. Der Hügel selbst gilt als historisches Zentrum des Vinschgaus und war schon in prähistorischer Zeit besiedelt. Man fand hier bei Ausgrabungen römische Münzen, Scherben, Eisenbeile und ein 2500 Jahre altes Stück Hirschhorn mit einer rätischen Inschrift. Schon lange bevor archäologische Grabungen stattfanden, rankten sich zahlreiche Legenden und Sagen um den geheimnisvollen Tartscher Bühel. Eine gemütliche Wanderung führt von Glurns zum Hügel. Der Startpunkt ist ein Parkplatz am Malser Torturm. Wir wandern Richtung Mals, bis nach rechts ein Sträßchen abgeht, das uns zur Bahnunterführung leitet und dann nach rechts über den Bichlsteig zum Tartscher Bühel führt. Ein kleiner Rundweg führt über den Hügel. Auf dem Anstiegsweg geht es zurück nach Glurns.

Auf zum Glurnser Köpfl!

Eine längere Tour mit knapp 1500 Höhenmetern führt von Glurns hinauf zum Glurnser Köpfl (2395 m). Von der Pfarrkirche in Glurns aus gehen wir zuerst nach Süden zur Kapelle St. Martin. Ab hier folgen wir dem Weg Nr. 24 durch den Wald aufwärts bis zur Glurnser Alm. Der Steig kürzt dabei die Forststraße an einigen Stellen ab. Von der Alm aus geht es dann zum Ostrücken des Glurnser Köpfls. Über diesen freien Rücken steigen wir hinauf bis zum Gipfelkreuz. Die Aussicht von hier ins Vinschgau und vor allem hinunter nach Glurns ist beeindruckend.

Wem der Anstieg von Glurns aus auf das Glurnser Köpfl zu weit ist, der kann den Gipfel von einem höher gelegenen Parkplatz an den Lichtenberger Höfen in Angriff nehmen. Eine schmale Bergstraße führt vom kleinen Ort Lichtenberg südlich von Glurns direkt zum Parkplatz. Wir gehen durch den Wald zur Tschagein-Hütte und dann über freies Gelände zum Kamm zwischen Glurnser Köpfl und Plaschweller. Über den langen Grat erreichen wir in nordwestlicher Richtung das Gipfelkreuz auf dem Glurnser Köpfl.

INFO

RESTAURANT FLURIN IN GLURNS

Wenn man das mittelalterliche Flair des Städtchens Glurns genießt, sollte man auch stilvoll einkehren. Das Restaurant Flurin befindet sich in einem der ältesten Gebäude der Stadt, dem Flurinsturm aus dem 14. Jahrhundert. Seine Mauern haben viel erlebt. Nach dem französischen Überfall mit Brandschatzung 1799 diente der Turm als Gerichtsgebäude. 2018 wurde der Florinsturm von der Familie Ortler liebevoll saniert, die in den historischen Räumen nun ein besonderes Restaurant mit Atmosphäre betreibt. Auf der Speisekarte stehen Gerichte mit lokalen Zutaten wie Kürbisravioli, Vinschger Lamm oder Matscher Saibling. Fehlen darf natürlich auch der passende Wein nicht. Zu jedem Gericht kann man hier aus dem regionalen Weinangebot, häufig Bio-Weine, den passenden Tropfen auswählen. Im Flurinsturm gibt es auch schöne Gästezimmer.

WEITERE INFORMATIONEN

Touristinfo: vinschgau.net/de/obervinschgau
Ausgangspunkt: Glurns Kirche
GPS: 46.669659, 10.552164
14 Kilometer, 7 Stunden, 1450 Höhenmeter

↖ Der Marktplatz von Glurns mit dem historischen Gasthof Grüner Baum
↑ Blick auf die Glurnser Stadtpfarrkirche St. Pankratz

6

MÜNSTERTAL – ACHT KIRCHEN AUF EINEN STREICH!

HISTORISCHER RUNDGANG

Das Münstertal, auch Val Müstair genannt, liegt im westlichsten Vinschgau. Gleich hinter dem Ort Taufers befindet sich die Grenze zum Schweizer Kanton Graubünden. Das Tal selbst besitzt auf Südtiroler Seite ganze acht Kirchen. Diese wollen wir auf einer gemütlichen, wunderschönen Rundwanderung erkunden.

Taufers im Münstertal ist kulturell ein äußerst interessanter Ort. Neben einigen denkmalgeschützten Gebäuden und zwei Burgruinen sind vor allem die acht Kirchen in und um Taufers Zeugen der Geschichte des Tals. Auf unserer kulturhistorischen Rundwanderung besuchen wir diese geschichtsträchtigen Kirchenbauten.

Kulturtrip auf angenehmen Wegen

In Taufers im Münstertal beginnt unsere Acht-Kirchen-Wanderung mit dem Besuch der Hospizkirche St. Johann. Der Bau mit dem Grundriss eines griechischen Kreuzes stammt aus dem 12. und 13. Jahrhundert und ist ein Juwel in der romanischen Kunstlandschaft. Die Ursprünge des Baus gehen bis in das 9. Jahrhundert zurück. Einst war die Kirche Teil eines Benediktinerklosters, das jedoch im Jahr 1130 zerstört wurde. Bekannt ist vor allem das Wandbild des heiligen Christopherus. Es gilt als eines der größten und ältesten Christopherusbildnisse.

Von St. Johann geht es weiter nach St. Michael. Wir folgen dem Wegweiser »2 St. Michael« über einen schmalen Wiesensteig bergan bis zu einer asphaltierten Straße. Dort stehen wir schon bald vor dem Kirchlein, das 1383 das erste Mal geweiht wurde. In St. Michael gibt es sehenswerte und gut erhaltene Wandmalereien aus dem 15. Jahrhundert. Neben der Kirche steht der ehemalige gotische Kornkasten. Hier wurde 1984 das Pfarrmuseum eingerichtet, in dem sich sakrale Kunst aus dem Münstertal befindet. Die Führung durch das Museum von St. Michael schließt gleichzeitig eine Führung der spätgotischen Pfarrkirche St. Blasius mit ein, die neben St. Michael steht. Von der ursprünglich 1512 geweihten Kirche ist heute allerdings nur noch der 1511 erbaute Turm vorhanden. Im Jahr 1660 wurde die Kirche zum Teil abgerissen und wieder neu aufgebaut. Der Hochaltar stammt aus dem 17. und 18. Jahrhundert, die Seitenkapelle aus dem Jahr 1719.

Von St. Blasius aus folgen wir dem Wegweiser »4 St. Martin« nun auf einer asphaltierten Straße bergan. An der zweiten Kehre der Straße befindet sich links im Wald ein weiterer Wegweiser, der St. Martin anzeigt. Wir wechseln von der Straße auf den Pfad, steigen kurz ein paar Meter ab, um gleich wieder ein wenig bergauf bis zur St.-Martins-Kirche hinaufzugehen. Der Bau wird 1394 erstmals erwähnt. Aus dieser Zeit stammt auch das Langhaus. Chor und Gewölbe der Kirche wurden im 17. Jahrhundert erbaut. Lediglich die kleine Glocke ist recht neu, da die alte 1917 zu Kriegszwecken eingeschmolzen wurde.

→ Das Kirchlein St. Johann in Taufers ist vor allem wegen seiner Wandmalereien aus dem 13. Jahrhundert bekannt.

Ein Wegweiser schickt uns weiter zur nächsten Kirche, der St.-Antonius-Kirche. Der Steig fällt im Wald zuerst ein wenig ab. Auf einer asphaltierten Straße führt er dann anschließend bis zum Sportplatz bergan. Dort zweigt nach links ein Weg zum Kirchlein ab. Auf Höhe der Kirche gehen wir nach rechts durch einen Zaun und wandern entlang eines kleinen Wasserlaufs in wenigen Minuten hinüber zur Kirche aus dem Jahr 1725.

Bis kurz vor die Schweizer Grenze

Unterhalb der Kirche leitet der Wegweiser »6 St. Nikolaus« uns in ein Waldstück. Steil überwindet der Steig ein paar Höhenmeter. Auf einer asphaltierten Straße wandern wir dann immer geradeaus weiter zur Hauptstraße, die durch Taufers führt. Eine quer laufende Straße lassen wir dabei unberücksichtigt. Die nächste Kirche ist nun St. Nikolaus direkt an der Hauptstraße aus der Zeit um 1400. Eine Besonderheit stellt der spätgotische Altar dar. Der Turm wurde nach einem Brand im Jahr 1897 neu aufgebaut. An der St.-Nikolaus-Kirche zeigt ein Wegweiser nun zur Nr. 7, der Rochuskirche. Hierzu wandern wir eine ganze Weile an der Hauptstraße durch das Münstertal entlang. Erst kurz vor dem Grenzübergang in die Schweiz zweigen wir nach links ab und gehen bis Puntweil.

Von Puntweil über Rifair zurück nach Taufers

In Puntweil befindet sich die kleine Kirche St. Rochus, die im 13. Jahrhundert erstmals erwähnt wird. Namenspatron ist der Pestheilige Rochus. Die Kirche in ihrer jetzigen Form entstand im 17. Jahrhundert. Von der Rochuskirche folgen wir dem Wegweiser zu unserem letzten Etappenziel, der St.-Valentins-Kirche. Hierzu queren wir einen Bach und wandern auf dem breiten Forstweg Richtung Rifair. Die meiste Zeit verläuft der Weg im Wald, zwischendrin geht es über einige Almwiesen. Schöne Ausblicke auf Taufers und die bereits besuchten Kirchen bieten sich von hier aus. Wir passieren eine Infotafel, auf der über die Einrichtungen während des Ersten Weltkriegs informiert wird. Befürchtete man damals den Einmarsch des Feindes über die neutrale Schweiz in den Vinschgau? Der Weg führt nun nah an den Rambach heran und an ihm entlang bis nach Rifair (1119 m). Wir gehen hinab in den Ort, überqueren den Bach und gelangen so zur letzten Kirche unserer Wanderung: St. Valentin. Bereits 1201 wird dieser Kirchenbau zum ersten Mal urkundlich genannt. Nach einer Zerstörung hat man das Kirchlein 1499 neu errichtet. Der jetzige Bau stammt von 1521. Der Altar entstand allerdings erst in der zweiten Hälfte des 18. Jahrhunderts.

Von Rifair aus wandern wir, dem Wegweiser folgend, zurück zu unserem ersten Ziel, der St.-Johann-Kirche. Hierzu gehen wir hinauf zur Fahrstraße und entlang der Straße zurück nach Taufers im Münstertal.

↗ Die karolingischen Wandmalereien in der Klosterkirche St. Johann von Müstair
↖ St. Martin aus der Zeit um 1400
← Die mittelalterliche St.-Valentin-Kirche in Rifair

INFO

DIE KLÖSTER MARIENBERG UND ST. JOHANN IN MÜSTAIR

Das Kloster Marienberg haben wir in diesem Buch als Secret Place vorgestellt. Auch das Kloster St. Johann in Müstair im schweizerischen Graubünden ist absolut einen Tipp wert. Das Kloster der Benediktinerinnen stammt aus der Karolingerzeit und ist sehr gut erhalten. 1983 wurde es sogar in die Liste des UNESCO-Weltkulturerbes aufgenommen. Der Abstecher in die benachbarte Schweiz, um dieses historische Kloster zu sehen, lohnt sich – nicht nur wegen der karolinigschen Wandmalereien in der Klosterkirche. Das Klostermuseum zeigt die Geschichte des Klosters über die letzten 1200 Jahre. Man erhält einen guten Einblick in das Klosterleben der Benediktinerinnen, sowohl im Mittelalter als auch heute in der modernen Zeit. Die Gründung des Klosters soll auf Karl den Großen persönlich zurückgehen, der am Umbrailpass in einen Schneesturm geriet und zum Dank das Kloster gestiftet hat. Es gibt einen Weg von Kloster Marienberg direkt nach Müstair, den sogenannten Stundenweg. Diese Route wurde in alter Zeit als Verbindung zwischen dem Münstertal und dem oberen Vinschgau angelegt. Leider ist wegen eines Felssturzes nur der östliche Teil von Burgeis bis nach Laatsch begehbar. Trotzdem lohnt es sich, diesen Weg auf historischen Spuren zu erwandern.

Kloster St. Johann in Müstair

WEITERE INFORMATIONEN

Touristinfo: vinschgau.net/de/obervinschgau/ferienorte/taufers-im-muenstertal.html
Ausgangspunkt: St. Johann in Taufers
GPS: 46.647171, 10.464992
7 Kilometer, 3,5 Stunden, 220 Höhenmeter Abstieg

7

SCHLUDERNS – AUF ALTEN PFADEN ZUR CHURBURG

WAALWEGE UND RITTERHERRLICHKEIT

Der Vinschgau hat seit Jahrtausenden Menschen angelockt. Nirgendwo sonst in Südtirol ist die Dichte an prähistorischen Siedlungen so groß wie hier. Aber gerade der Ort Schluderns bietet noch mehr Historisches. Von prähistorischen Siedlungsfunden über traditionelle Waalwege bis zu einer der schönsten Burgen Südtirols: der Churburg.

Nicht nur die Churburg sollte man besuchen, sondern auch das Dorf Schluderns. Es liegt am westlichen Sonnenberg, dort, wo sich das Matschertal in die Ötztaler Alpen schiebt. Verwinkelte Gassen und alte Anwesen mit bemalten Fassaden sowie die gotische Katharinenkirche sind sehenswert. Über allem thront die majestätische Churburg. Sie wurde nach 1250 von den Churer Bischöfen errichtet. Seit 1504 gehört sie den Herren von Trapp, die sie im späten 16. Jahrhundert zum prunkvollen Renaissanceschloss ausbauten. Durch einen schmalen Eingang betritt man die Burganlage. Der äußere Hof, der Zwinger, führt wie eine tief eingeschnittene Gasse um die Kernburg herum. Geschützt im Zentrum befindet sich der 1520 erbaute Innenhof mit seinen Renaissancearkaden, die sich über drei Stockwerke erstrecken. Interessant ist die Rüstkammer, die weltweit die größte ihrer Art ist. Die Churburg kann man direkt auf einem kurzen Weg von Schluderns Ortsmitte aus ansteuern. Wer den Besuch aber mit einer Wanderung verbindet, geht gleichzeitig auf eine Zeitreise.

Siedlung aus grauer Vorzeit

Startplatz der Tour ist das Vintschger Museum in der Meraner Straße. Wir folgen der Konfall-Straße entlang des Saldurbachs. Die Straße wird zum Wanderweg und bringt uns zu einer Wildbachsperre. Dort überqueren wir den Bach und sogleich beginnt der anstrengendste Wegabschnitt: In Serpentinen geht es den Hang aufwärts. Dann steht man am Eingang der prähistorischen Fundstätte auf dem Ganglegg (1142 m), die ab 1997 erforscht wurde. Die Höhensiedlung war bereits vor etwa 5000 Jahren bewohnt. Die letzte Siedlungszeit dauerte bis in das 5. Jahrhundert nach Christus. Einige Gebäude sind rekonstruiert und Mauerreste überdacht. Bei aller Begeisterung für die archäologischen Funde ist der Hügel auch eine wunderbare Aussichtsplattform über den oberen Vinschgau mit seinen Apfelplantagen.

Auf Waalwegen zur Churburg

Wenige Meter von der Ausgrabungsstätte Ganglegg entfernt, fließt der Leitenwaal, dem wir aufwärtsfolgen. Man überquert den Saldurbach und könnte links den Weg zur Burgruine Matsch fortsetzen. Wir halten uns jedoch rechts und wandern den Bergwaal (auch Berkwaal) talauswärts bis zur Wiese am Vernalhof. Beim weiteren steilen Abstieg kann man sich an der sensationellen Aussicht auf den Ortler erfreuen. Bald taucht die Churburg auf. Sie ist schnell erreicht. Es bleibt hoffentlich noch Zeit für eine Führung.

↙ Apfelblüte an der Churburg am Eingang zum Matscher Tal – eine der schönsten Burganlagen in Südtirol
↓ Leitenwaalweg: Das Vinschgau ist bekannt für seine Bewässerungskanäle, die Waalwege.

INFO

VINTSCHGER MUSEUM

Das Vintschger Museum in Schluderns ist im alten Richterhaus der Churburg untergebracht. Es informiert über die prähistorische Siedlung am Ganglegg, über das Südtiroler Bewässerungssystem der Waale, aber auch über düstere Kapitel der Südtiroler Geschichte wie den jährlichen Zug der Schwabenkinder, der erst 1921 ein Ende hatte. Gleich neben dem Museum kann man hervorragend im Burggasthof zum Weißen Rössl einkehren, dessen Küche mit regionalen Südtiroler Spezialitäten überzeugt. Einen Termin im Veranstaltungskalender des Dorfs sollte man sich im August vormerken. Dann finden auf einem Feld vor dem Dorf die jährlichen Südtiroler Ritterspiele statt – mit einem Mittelaltermarkt, Schaukämpfen, historischem Handwerk, einem Heerlager, einer Falknerei sowie großen Umzügen (Info: ritterspiele.it).

WEITERE INFORMATIONEN

Touristinfo: vinschgau.net oder schluderns.org
Churburg: Besichtigung nur mit Führung von Mitte März bis 31. Oktober, täglich außer Montag. Anmeldung empfehlenswert (+39 0473 615241)

8

SULDEN AM ORTLER – GIPFELWELTEN ERKUNDEN

BERGDORF DER DREITAUSENDER

Sulden liegt am Fuße des mächtigen Dreigestirns Ortler, Königspitze und Zebrù. Der Ort ist umgeben von zahlreichen Dreitausendern, wovon wir mit der Hinteren Schöntaufspitze sogar einen auf einfachem Weg besteigen können. Zudem bieten aussichtsreiche Höhenwege eindrucksvolle Blicke auf diese begehrten Bergziele.

Sulden wurde im späten 19. Jahrhundert touristisch erschlossen und ist heute ein zentraler Ferienort der Ortler-Region. Im Winter lockt ein kleines, aber feines Skigebiet, im Sommer sind es die unzähligen Wandermöglichkeiten in und um das Dorf. Wir haben uns drei Wandertouren herausgepickt: Auf der Nordseite des Ortes ist der Blick von der Düsseldorfer Hütte (2721 m) aus auf Ortler, Königspitze und Zebrù besonders beeindruckend. Auf der Südseite gibt es mit dem Morosiniweg einen aussichtsreichen Höhenweg, der nah an die Nordwand von Ortler und Königspitze heranführt. Dann wartet auf uns noch ein einfaches Dreitausender-Ziel: Wir wandern auf gemütlichem Weg auf die Hintere Schöntaufspitze (3325 m) und kommen dabei auch an Yaks aus dem Himalaja vorbei, die auf den Wiesen um die Madritschhütte grasen.

Zur Düsseldorfer Hütte auf der Nordseite

Von Sulden aus fahren wir mit dem Kanzellift zur Bergstation. Bereits von hier oben bietet sich ein erster großartiger Ausblick auf Ortler, Königspitze und Zebrù. Auch wenn die Gletscher stark zurückgegangen sind, ist der Anblick doch beeindruckend. Nachdem wir uns sattgesehen haben, gehen wir zwischen Sessellift und Berggasthof durch das Gatter und wandern auf komfortablem Weg in Richtung Düsseldorfer Hütte hinauf. Nach einem kurzen Anstieg sehen wir hinein in das Zaytal und hinauf zur bereits sichtbaren Hütte. Der Weg zieht noch ein wenig auf gleicher Höhe taleinwärts, bis uns ein Wegweiser nach links ins Zaytal schickt. Unser Weg fällt leicht ab zu ein paar kunstvoll gestalteten Brücken. Über diese hinweg und durch ein Gatter bringt uns der Weg immer weiter hinein ins Tal. Zuletzt erreichen wir leicht absteigend den Zaybach und den von Sulden heraufkommenden direkten Hüttenanstieg. Nach dem Überqueren des Bachs wenden wir uns nach rechts und steigen in einigen Serpentinen bergauf zur Düsseldorfer Hütte, die auf einem Absatz steht. Das weite Umfeld der Hütte mit dem kleinen Bergsee ist ein wunderschöner Platz. Hier lässt sich die Schönheit der Natur wirklich ausgiebig genießen.

Bergkulisse, Gletscherseen und Hüttenpause

Von der Hütte kann man ein Stück taleinwärts wandern. Dort warten einige malerische kleine Gletscherseen. Am eindrucksvollsten ist jedoch die Sicht hinüber auf die andere Talseite – zu Ortler, Königspitze und Zebrù. Es gibt kaum einen Hüttenplatz in der Umgebung, der eine so grandiose Aussicht auf das Dreigestirn bietet – ein Augenschmaus.

← Die Düsseldorfer Hütte im Zaytal

← Winterstimmung in Sulden
↙ Die Hintergrathütte (2661 m)
↘ Blick von Südosten auf den 3905 Meter hohen Ortler, den höchsten Berg Südtirols mit dem Suldenferner (3100 m) und der Schaubachhütte

Nicht nur die Augen kann man hier oben mit unvergesslichen Ausblicken verwöhnen. Wenn sich ein Hungergefühl meldet, ist auch bestens für das leibliche Wohl gesorgt. Ursprünglich wurde die Hütte von der Sektion Düsseldorf des Deutschen Alpenvereins erbaut. Das war bereits im Jahre 1892. Danach war sie lange in italienischem Besitz. Gehalten hat sich der Hüttenname aber bis heute. Eine Konstante ist die Familie Reinstadler, die die Düsseldorfer Hütte seit vier Generationen bewirtschaftet und die Gäste mit Südtiroler Spezialitäten verköstigt.

Irgendwann heißt es Abschied nehmen – von der Hütte und der großartigen Aussicht. Wir müssen schließlich wieder ins Tal hinunter. Hierfür nutzen wir im oberen Bereich den bekannten Hüttenweg hinunter bis zur Wegverzweigung am Zaybach. Den Abzweig zur Bergstation des Kanzellifts lassen wir dabei unberücksichtigt und wandern das Zaytal weiter hinab in Richtung Sulden. Wir bleiben die ganze Zeit auf dem gerade hinabführenden Hauptweg und ignorieren alle abzweigenden Wege. Der Wanderweg taucht schließlich in den Wald ein und verläuft nun steil entlang des Zaybachs hinunter, bis man an ein paar Hotels vorbeikommt und die Straße erreicht. Wir überqueren diese und gelangen, uns leicht links haltend, zu einer Treppe, die uns zu einer Wiese bringt. Über die Wiese und eine Brücke spazieren wir weiter zur Talstation des Kanzellifts am Ortsrand von Sulden.

Der Morosiniweg auf der Südseite

Auf unserer zweiten Tour wandern wir auf dem Morosiniweg hinauf zur Hintergrathütte auf 2661 Metern Höhe. Ausgangspunkt ist die Seilbahnstation in Sulden. Mit der Seilbahn schweben wir gemütlich bis zur Mittelstation hinauf. Dort steigen wir nicht in die Gondel zur weiteren Bergfahrt um, sondern gehen über eine Metalltreppe hinab auf den breiten Wanderweg. Nun geht es gleich rechts ab in Richtung Hintergrathütte. Der Weg führt kurz hinab zum Bach, überquert diesen, und zieht über Schottergelände weiter zu steilen Grashängen.

Unterhalb des Gletscherbruchs

Der gut angelegte Höhenweg, der nach dem Wiener Bergsteiger Nikolaus Morosini benannt wurde, schlängelt sich in zahlreichen Serpentinen immer weiter bergauf. Dabei wandern wir insgesamt wieder ein Stück in Richtung Süden. Der Weg führt nun um eine Gratkante herum und man gelangt in ein schönes Tälchen. Dort befinden wir uns direkt unter der Nordwand der Königspitze (3851 m). Imposant ragt die Wand in den Himmel, aber nicht weniger beeindruckend ist der zerfurchte, von Spalten durchzogene Gletscher, der zur Wand führt. Das Gelände wird durch den Gletscherrückgang immer wilder und unwegsamer. Wir wandern durch das Tälchen auf einem sanft ansteigenden Weg, gewinnen auf einem kurzen Stück über ein paar Serpentinen an Höhe und erreichen einen Rücken. Nur noch eine Senke mit einem kleinen See trennt uns von der Hintergrathütte. Wir wandern ein paar Schritte bergab, gehen am See vorbei und stehen schon bald an der Hütte, die am Fuß der Nordwand der Königspitze liegt. Von hier aus bietet sich ein beeindruckender Blick hinüber ins Zaytal zur Düsseldorfer Hütte mit der mächtigen Vertainspitze (3545 m).

Ein Stützpunkt für schwere Bergtouren

Kurz nach der ersten Begehung des Ortlers über den Hintergrat wurde 1805 etwas oberhalb der heutigen Hintergrathütte ein kleiner Unterstand erbaut. Es war die erste Schutzhütte Tirols, die allerdings bald schon verfiel, da die Route in Vergessenheit geraten war. Erst 1892 baute man eine neue Hütte in der Nähe der heutigen Hintergrathütte. Das Haus wurde vom russischen Staatsrat Carl Baeckmann finanziert, der es später dem Suldener Bergführerverband vermachte. 1915, während des Ersten Weltkriegs, wurde das Haus zerstört. Die heutige Hintergrathütte stammt aus den 1920er-Jahren und ist immer noch der Stützpunkt für die Besteigung des Ortlers über den anspruchsvollen Hintergrat. Nach einer Pause wandern wir von der Hütte ein kurzes Stück bergauf, bevor der Weg nach rechts abgeht. Es folgt nun eine ziemlich lange Querung durch die etwas abschüssige Flanke des Hintergratkopfs (2813 m). Der Weg ist an einigen Stellen etwas ausgesetzt und auch ein kurzes Stück gesichert. Es lohnt sich, immer wieder stehen zu bleiben und die fantastische Aussicht hinüber in Richtung Düsseldorfer Hütte und Vertainspitze oder hinab nach Sulden zu bestaunen. Am Ende der Traverse zieht der Weg um eine Kante und verliert dann recht schnell an Höhe. Anschließend queren wir wieder nach links, um in einem weiten Bogen ein Kar zu umgehen. Dabei kommen wir in den Moränenschutt des End-der-Welt-Ferners, der vom Ortler herabzieht. Nach Überqueren einer Moräne gehen wir in das nächste Kar hinein, das ebenfalls von Schutt gefüllt ist, und wandern unter einem Sessellift hindurch. Kurz darauf betreten wir wieder Wiesenboden und gelangen in wenigen Minuten hinüber zur Bergstation

des Langenstein-Lifts. Mit dem Lift fahren wir nach Sulden und wandern am Suldenbach entlang zurück zu unserem Ausgangspunkt an der Talstation der Seilbahn.

Die Hintere Schöntaufspitze

Unsere dritte Tour beginnt an der Talstation der Suldener Seilbahn. Mit der großen Seilbahn fahren wir zur Bergstation, die etwas oberhalb der Schaubachhütte liegt und folgen dann dem Weg in Richtung Madritschhütte. Zuerst geht es kurz auf der breiten Skipiste aufwärts, dann zweigen wir gleich links auf den Wanderweg ab. Die Aussicht auf Königspitze, Zebrù und Ortler wird mit jedem Meter Höhengewinn großartiger. Es lohnt sich, immer mal wieder den Blick hinüber zu den drei berühmten Dreitausendern zu wenden und die Bergkulisse zu genießen. Der Weg steigt nun etwas steiler an, wird aber bald deutlich flacher, sodass man die Madritschhütte gemütlich erreicht.

Von der Hütte aus folgen wir dem Wegweiser in Richtung Madritschjoch (3123 m). Der breite Wanderweg führt in einigen weiten Kehren bergauf bis unter das Joch. Hier wird der Steig schmaler und steiler. Nach ein paar weiteren Serpentinen stehen wir am Madritschjoch und können ins Martelltal hinabblicken. Unten im Tal erkennt man sogar die Zufallhütte, die ein gemütlicher Ausgangspunkt für den ruhigeren Anstieg aus dem Martelltal ist (siehe Tour 11). Die Route über das Madritschjoch ist ein beliebter Übergang bei einer Alpencross-Route. Von daher ist es nicht verwunderlich, dass man hier oben immer wieder Mountainbikern begegnet. Als Wanderer lassen wir den Anstieg vom Joch auf den nahen Gipfel der Hinteren Schöntaufspitze (3325 m) nicht aus. Daher halten wir uns am Joch links und steigen gleich über ein paar leichte Felsplatten in kurzen Kehren bergauf. Auf einem schmalen Band queren wir hinüber zu einem breiten Sattel. Dies ist die einzige etwas ausgesetzte Stelle des Anstiegs, wirklich schwierig ist aber auch dieser Abschnitt nicht. Nun führt der Steig über Blockwerk in weiteren Kehren ziemlich steil bergauf. Kurz unterhalb des Gipfels legt sich der Hang ein wenig zurück und wir gehen auf einem flacheren Weg zum breiten Gipfelplateau der Hinteren Schöntaufspitze. Neben einem kleinen Kreuz stehen hier oben leider auch ein paar Sendemasten. Trotzdem bleibt Platz genug, um die Aussicht auf die Gipfel zu bestaunen.

Gemütlicher Abstieg

Nach der Rast auf der Hinteren Schöntaufspitze wandern wir zurück zum Madritschjoch und von dort weiter zur Madritschhütte. Von hier spazieren wir am Anstiegsweg zurück zur Bergstation der Seilbahn. Wer eine Pause braucht, geht gleich zur Schaubachhütte nebenan. Sie bietet sich für eine Einkehr an. In einer der Gondeln der Seilbahn schweben wir anschließend wieder ins Tal zurück.

↗ Die Königspitze (3851 m), der zweithöchste Gipfel der Ortlergruppe
← Unterwegs im Rosimtal auf dem Weg hinauf zum Madritschjoch (3123 m)

INFO

MESSNER MOUNTAIN MUSEUM ORTLES (MMM ORTLES)

In Sulden am Ortler kann man nach einer Tour das Messner Mountain Museum Ortles besuchen. Der spektakuläre Bau auf dem Ortlerferner ist unterirdisch angelegt und dem Thema Eis bzw. Gletscher gewidmet. Das Museum befindet sich »Im End der Welt« – wie der Ortlerferner in der Anich-Karte 1774 genannt wird. Und tatsächlich steigt man hier vom Licht in das Dunkel ab. Im Museum sind unter anderem die größte Sammlung an Ortler-Bildern und Eispickeln aus zwei Jahrhunderten zu sehen. Erzählt wird von der Schwierigkeit der Künstler, Eis darzustellen, aber auch vom Schrecken des Eises, der Finsternis, von Schneemenschen und Schneelöwen. Das Museum ist von Ende Mai bis Mitte Oktober nachmittags geöffnet. In der Nähe des Museums weiden im Herbst Yaks, die im Sommer in der Umgebung der Madritschhütte zu sehen sind. Wir sind ihnen auf unserer Wanderung auf die Hintere Schöntaufspitze begegnet. Das Museum ist eines von sechs Museen, die der Südtiroler Extrembergsteiger Reinhold Messner eröffnet hat. Neben dem Museum am Ortler gibt es noch das Museum auf Messners Sommerwohnsitz Schloss Juval sowie die Museen Ripa, Corones, Firmian und Dolomites. Jedes dieser Museen ist einem Thema gewidmet und verströmt ein ganz eigenes Flair.

Der Eingang zum Messner Mountain Museum Ortles (MMM Ortles)

WEITERE INFORMATIONEN

Touristinfo: vinschgau.net/de/ortlergebiet.html
Ausgangspunkt: Sulden, Parkplätze an den Sesselliften oder der Seilbahn
GPS: 46.524806, 10.589141

Herbst in Schluderns: Blick auf die Churburg

9

GÖFLANER ALM – IM NATIONALPARK STILFSERJOCH

MARMOR IM VINSCHGAU

Im Göflaner Steinbruch im Vinschgau wird der berühmte Marmor aus der Region abgebaut. Die Wanderung führt nah an den Steinbruch heran. Bis man aber an diesem Ziel angekommen ist, genießt man den grandiosen Panoramaweg zur Göflaner Scharte. Zum Abschluss lädt die gemütliche Göflaner Alm noch zur Einkehr ein.

Es gibt einen direkten Zugang zur Göflaner Alm. Viel schöner ist aber die Runde über die Göflaner Scharte. Vom Parkplatz an der Jausenstation Haslhof wandern wir auf der asphaltierten Straße zurück bis zu den Wegweisern im Wald. Dort biegen wir nach rechts ab und steigen durch den steilen Wald aufwärts. Am Kreuzjöchl lichten sich die Bäume ein wenig und ermöglichen schöne Ausblicke auf die Umgebung von Göflarn.

Vom Kreuzjöchl aus wandern wir über den Kamm auf dem Weg Nr. 23 in Richtung Göflaner Scharte. Auf einem Panoramaweg geht es dann aufwärts. Wir gelangen zu einem Kreuz, das direkt über dem Martelltal steht. Anschließend steigen wir noch ein paar Meter bergan bis zum höchsten Punkt der Wanderung und gehen an großen Lawinenverbauungen vorbei hinüber zur Göflaner Scharte. Kurz vor der Scharte sind ein paar Meter mit einem Drahtseil gesichert, wirklich schwer ist die Passage aber nicht.

Einkehr in der Göflaner Alm

Von der Scharte aus steigen wir nun steil nach Norden ab. Nachdem wir ordentlich an Höhe verloren haben, quert der Weg nach links in ein Waldstück. Es geht kurz ein paar Meter aufwärts, gleich danach fällt der Steig im Wald wieder ab. Wir gelangen in einem Bogen zur Wegverzweigung unterhalb des Göflaner Marmorbruchs. Hier halten wir uns rechts und folgen dem Wegweiser zur Göflaner Alm. Über mit einzelnen Bäumen aufgelockerte Wiesengründe geht es bergab. Wir befinden uns jetzt auf einem Teilstück des Göflaner Marmorwegs. Besonders beeindruckend ist ein Schaublock, an dem man sehen kann, wie die großen Marmorblöcke früher in das Tal transportiert und mithilfe von Seilen abgebremst wurden. Weiter geht es talwärts bis zur Göflaner Alm, die sich noch im Waldbereich befindet, aber eine schöne Aussicht auf den gegenüberliegenden Vinschgauer Sonnenberg bietet. Die Alm diente während der Anfangszeit des Marmorabbaus als Unterkunft für die Arbeiter. Dementsprechend ist in ihren Mauern Marmor verbaut. Von der Alm wandern wir auf der Forststraße über die Wiese zum Waldrand. Durch den Wald geht es dann auf dem Fahrweg steil hinab zu den Kohlplätzen. Dort biegt man nach rechts ab und wandert in östliche Richtung. Der breite Weg geht bald in einen schmalen Steig über. Wir queren einige Bachrinnen und gelangen zum Weißkaser, einer Almwiese mit alten Almhütten. Nochmals führt der Weg in den Wald, dann geht es das letzte Stück hinab zu unserem Ausgangspunkt Haslhof.

INFO

GÖFLANER MARMORWEG

An den Kohlplätzen beginnt der Göflaner Marmorweg. Der Themenweg zeigt auf elf Stationen die Geschichte des Göflaner Marmors. Höhepunkt sind die schon oben erwähnten Bremsrutschen, an denen man vorbeikommt, wenn man von der Göflaner Scharte zur Göflaner Alm wandert. Der Marmorweg endet in der Nähe des Mitterwandlbruchs, dem höchsten Marmorbruch Europas. Der Marmorbruch selbst kann aus Sicherheitsgründen nicht besichtigt werden. Der Marmorweg hat einen Höhenunterschied von 500 Metern und insgesamt eine Länge von etwa 6,5 Kilometern. Die Wanderung dauert ungefähr 3 Stunden und ist somit etwas kürzer als unsere vorgestellte Tour über die Göflaner Scharte. Daher bietet sie sich vor allem für weniger konditionsstarke Wanderer an.

WEITERE INFORMATIONEN

Touristinfo: merano-suedtirol.it/de/ultental.html
Ausgangspunkt: Parkplatz Jausenstation Haslhof, Nördersberg bei Göflarn
GPS: 46.518895, 12.009533
8,5 Kilometer, ca. 3,5 Stunden, 500 Höhenmeter

↖ Marmorsteinbruch: Strahlend weiß und sehr hart ist der Laaser Marmor, der am Göflaner Berg abgebaut wird.
↑ Ehemalige Marmor-Schrägbahn

10

ST. MARTIN IN KOFEL – ZIEL MIT PANORAMABLICK

BERGDORF ÜBER DEM VINSCHGAU

Eine Seilbahn erschließt den Weiler St. Martin in Kofel. Er befindet sich hoch über der Ortschaft Latsch im Vinschgau und liegt an einer Extremlage am Vinschger Sonnenberg. Wir können den Weiler natürlich auch mit der Seilbahn besuchen, aber es gibt auch wunderschöne Wandermöglichkeiten im Auf- oder Abstieg.

Den Namen erhielt der Weiler auf 1740 Metern von der kleinen Wallfahrtskirche, die seit 1510 hier oben steht. Die Martinskirche wurde über einer kleinen Grotte errichtet, die schon in vorchristlicher Zeit als Heiligtum genutzt wurde. Die Höfe in St. Martin gehören zu den am höchsten gelegenen Siedlungen in den Alpen. Zwischen Tal und Berg liegen im Schnitt 1200 Höhenmeter. Um zu arbeiten oder in die Schule zu gehen, müssen die Bewohner hinunter ins Tal, wobei die Gondelbahn den Auf- und Abstieg erleichtert. Hier oben gibt es eine Einkehrmöglichkeit, in der man Südtiroler Gerichte und die grandiose Aussicht genießen kann. Tief unten im Tal liegen die Ortschaften verstreut, darüber thronen die gewaltigen Berge der Ortlergruppe wie Hasenöhrl (3257 m), Zufrittspitze (3439 m) und Laaser Spitze (3305 m). Dazwischen zweigt das Martelltal ab, dessen Talschluss in der Zufallspitze (3757 m) endet.

Aufstieg nach St. Martin über den Trumsberg

Es gibt einen schönen Aufstieg von Latsch nach St. Martin über den Trumsberg. Hierfür parken wir an der Talstation der Bergbahnen Latsch. Vom Parkplatz aus gehen wir über die Etsch und hinüber zum Kreisverkehr. Diesen überqueren wir und folgen der Vinschgerstraße. Von der Straße weg führt ein Steig steil bergauf. Über diesen gelangen wir in wenigen Minuten zum Latschander Waal. Wir folgen dem Waal ein Stück in Richtung Osten, bis nach links der Steig in Richtung Trumsberg abzweigt. Der Steig zieht gleichmäßig steil bergauf und gewährt immer wieder weite Ausblicke hinunter ins Tal. Unterwegs kommen wir an einem der geheimnisvollen Schalensteine aus prähistorischer Zeit vorbei, die als Opfersteine, Kalender oder Wegmarken dienten, und gelangen bald zu einer Klumperplatte, die in frühen Zeiten vielleicht einmal als Kommunikationsmittel verwendet wurde. Im Vinschgau gibt es viele dieser Steine, deren Herkunft und Bedeutung bis heute nicht eindeutig geklärt sind. Von der Klumperplatte bietet sich eine schöne Aussicht über das Tal und den Talschluss des Martelltals.

Pause mit Aussicht: Jausenstationen Platztair

Der Wanderweg führt nun weiter steil bergauf bis zu einer Fahrstraße. Wir überqueren die Straße und gelangen bald auf freieres Gelände. Über die steilen Almwiesen geht es nun bis zur Jausenstation Mairhof und oberhalb des Hofs nach rechts. Die Abzweigung nach St. Martin lassen wir unberücksichtigt und folgen stattdessen dem Weg Nr. 8 weiter Richtung Trumsberg. Nach dem Überqueren eines

→ Weg nach St. Martin in Kofel

Bachs zeigt ein Wegweiser links in den Wald, wo es steil bergan geht. Der Weg wird bald wieder flacher und wir stehen nach einer längeren Querung an einer Kapelle bei den Höfen von Trumsberg. Jetzt biegt der Weg rechts ab und führt in ein paar Minuten zur Jausenstation Niedermoarhof (1360 m). An dieser Stelle mündet der Vinschger Höhenweg vom Schloss Juval ein. Wir folgen dem Weg Nr. 2 links in Richtung St. Martin in Kofel und queren die bewaldeten Hänge hinüber zum Greithof, der eine herrliche Aussicht nach Süden bietet. Wenig später stehen wir vor der Jausenstation Platztair, die wunderschön gelegen ist und zur Einkehr einlädt. Von hier zweigt der Steig nach rechts ab und führt steil bergan zu einer Straße. Auf dieser Straße wandern wir auf einem leicht ansteigenden Weg hinüber zu einem Bauernhof und von dort weiter nach St. Martin in Kofel. Wir spazieren zwischen Kirche und Schulgebäude hindurch und hinüber zur Bergstation der Seilbahn mit der Berggaststätte. Von hier aus geht es mit der Bahn bequem zu unserem Ausgangspunkt zurück.

Aufstieg über den Schlandrauner Höhenweg

Nach St. Martin in Kofel gelangt man auch über den Schlandrauner Höhenweg, einen der schönsten Aussichtswege im Vinschgau. Wir starten am Bahnhof in Schlanders und folgen der Straße zum Ort, wo wir hinauf zur Sonnenpromenade spazieren. Auf dieser wandern wir Richtung Westen und treffen auf einen weiteren Weg, der vom Ortszentrum heraufführt. Bald wenden wir uns nach links zu einer Straße, der wir ein kurzes Stück folgen. Wenig später biegen wir an einem Fischweiher nach rechts ab und lassen uns von dem Steig in vielen Kehren bergauf bis zum Fisolgut bringen, das neben dem Schloss Schlandersberg liegt. Im Fisolgut kann man sich eine erste Einkehr gönnen. Das Schloss ist allerdings in Privatbesitz und kann nicht besichtigt werden. Wir nehmen nun den nach rechts abzweigenden breiten Weg, der bald eine Kehre nach rechts macht. Wenig später biegt nach links der Steig Nr. 7 ab. Auf diesem steigen wir steil bergauf zu einer asphaltierten Straße, auf der wir ein kurzes Stück nach links wandern. In der Rechtskurve treffen wir auf den Vinschger Höhenweg, der von Tappein herüberkommt. In den Panoramaweg, der einen wunderbaren Blick auf die andere Talseite bietet, mündet bald von rechts ein Wanderweg von Schlanders ein. Wir erreichen die Häuser von Patsch und folgen dem breiten Höhenweg noch ein Stück. Jetzt spazieren wir auf einem Steig zu einem tiefen Graben, den wir durchwandern und erreichen wenig später Zuckbichl und Laggar. Von beiden Siedlungen sind nur noch Ruinen erhalten. Nun erwartet uns ein schmaler Weg, der die steilen Hänge des Vinschger Sonnenbergs quert. Achtung: Hier ist etwas Trittsicherheit erforderlich. Wir erreichen Forra, einen am Berghang klebenden Hof, und gelangen zum Hofschank Egg. Nach einer Rast geht es auf dem breiten Fahrweg in einem weiten Bogen hinüber nach St. Martin in Kofel.

↗ Sonnige Hänge: Obstplantagen bei Latsch
↖ Hoch oben am Berg bei Naturns liegt Schloss Juval, in dem sich eines der Mountain-Museen von Reinhold Messner befindet.
← Roggenanbau am Vinschger Sonnenberg

INFO

LATSCHANDER WAAL UND HOCHGALSAUN

Von Latsch nach Kastelbell verläuft der Latschander Waal. Dieser Waalweg zwischen den Obst- und Weingärten ist zwar kein Geheimtipp mehr, aber trotzdem eine wunderschöne Wanderung. Wenn man im Frühjahr oder Herbst unter der Woche hier unterwegs ist, kann man den Weg fast alleine genießen. Er führt entlang des Waals und teils idyllisch durch den Wald. Nach einer mit Geländern abgesicherten Felspassage erreicht man die Obsthänge von Kastelbell. Hier muss man in den Ort absteigen (der direkte Durchgang ist gesperrt). Dabei kommen wir an Schloss Kastelbell vorbei, einem Ort für Kunstausstellungen und Kulturveranstaltungen. Der Waalweg führt noch ein Stück weiter Richtung Osten. Hier kann man zur Ruine Hochgalsaun aufsteigen. Sie liegt exponiert über dem Tal und wurde wegen ihrer schwer erreichbaren Lage nach ihrer Erbauung eher selten genutzt. Von der Ruine hat man einen großartigen Blick auf den Vinschgau und die umliegende Bergwelt. Besonders beeindruckend ist das Hasenöhrl aus der Ortlergruppe auf der gegenüberliegenden Talseite. Es gibt zwei Wege zur Ruine, sodass man eine gelungene Rundtour daraus machen kann. Nach dem Abstieg von der Burg zum Waal geht es zurück nach Kastelbell und von dort mit dem Zug nach Latsch.

Schloss Kastelbell

WEITERE INFORMATIONEN

Touristinfo: www.vinschgau.net/de/latsch-martelltal/ferienorte/st-martin-im-kofel.html
Ausgangspunkt:
Latsch, Talstation Seilbahn
GPS: 46.621109, 10.86663
9 Kilometer, 5 Stunden, 1150 Höhenmeter

11

PLIMASCHLUCHT – HÄNGEBRÜCKE UND AUSSICHTSKANZELN

WILDE WASSER IM HINTEREN MARTELLTAL

Schon immer führte der Plimabach »wildes Wasser«. Um das Tal zu schützen, errichtete man im 19. Jahrhundert eine Staumauer – und vor ein paar Jahren wurden an der Schlucht Aussichtspunkte und eine Hängebrücke angelegt, sodass sich die Plimschlucht inzwischen auf eine ganz besondere Weise erkunden lässt.

Wir beginnen unsere Erkundungstour an der Enzianhütte im hinteren Martelltal. Von hier geht es auf der Fahrstraße über den Plimabach bis kurz vor die Ruine des ehemaligen Hotels Paradiso. Hier biegen wir auf den Weg Nr. 12 bis 37 nach rechts ab und gelangen zum ersten Erlebnispunkt des neu angelegten Schluchtenwegs. Weit in die Pimaschlucht hinein ragt die Schluchteninszenierung aus Stahl »Kelle in der Klamm«. Sie bietet einen schwindelerregenden Tiefblick hinunter auf den rauschenden Wildbach. Von hier wandern wir ein Stück am Weg zurück und biegen dann nach rechts ab. Der Weg führt hinauf zum zweiten Erlebnispunkt, der »Panoramasichel«. Hier umfließt der Bach einen Geländevorsprung, auf dem sich der Aussichtspunkt befindet. Wir genießen den Blick zum Hotel Paradiso und zur Zufallhütte. Nun gehen wir weiter zur »Aussichtskanzel«, die weit in die Schlucht hineinragt und einen fantastischen Blick in die Tiefe garantiert. Es geht weiter zu einer Hängebrücke, von der man in die eindrucksvolle Schlucht schaut. Wir überqueren die Brücke und wandern hinauf zur nahen Zufallhütte. Hier oben lassen wir uns gemütlich auf der Sonnenterrasse nieder und genießen Südtiroler Kost. Zurück ins Tal gelangt man auf einem leichten Wanderweg.

Marteller Gletscherpfad

Wer die Tour ausdehnen möchte, kann noch den Marteller Gletscherpfad begehen. Hierfür gehen wir von der Hängebrücke ein Stück zurück und folgen dem Weg Nr. 40 hinauf zur Staumauer des Plimabachs. Diese wurde 1839 erbaut, um das Tal nach starken Regenfällen vor den Wassermassen zu schützen. Hier gehen wir links in Richtung Marteller Hütte. Der Weg verläuft direkt unter einem Wasserfall vorbei. Nach einem Flachstück schraubt sich der Steig in zahlreichen Kehren hoch zur Marteller Hütte. Der Lehrpfad (Weg Nr. 37) führt noch etwas weiter, sodass man in einer schönen Runde am Ende wieder zur Zufallhütte absteigen kann, und von dort aus zum Ausgangspunkt gelangt.

Wir sind nun an der Marteller Hütte, wo der Weg kurz ein wenig an Höhe gewinnt und dann auf einem flachen Weg nach links in ein Tälchen führt. Anschließend fällt der Weg zum Bach ab, der vom Hohenferner herabfließt. Die Route führt hinüber zur großen Moräne. Auf dieser biegen wir nach links ab und wandern zu einem Aussichtspunkt. Der Weg schlängelt sich steil in Kehren rechts vom Wasserfall hinab und hinüber zur Staumauer über den Plimabach. Von hier ist es nicht mehr weit bis zur Zufallhütte.

← Im Martelltal: der kleine Bergsee an der Ruine des ehemaligen Hotels Paradiso
↓ Blick in die Plimaschlucht von der Aussichtskanzel auf dem Schluchtenweg

INFO

DREITÄLERWANDERUNG

Ein Geheimtipp ist die Dreitälerwanderung von der Zufallhütte. Sie wurde erst in den letzten Jahren markiert und führt in einsame Täler und zu schönen Aussichtspunkten. Wir starten an der Zufallhütte und gehen hinunter ins Madritschtal. Von hier folgen wir dem Steig ins Pedertal, wo wir auf den Wanderweg zur Enzianhütte treffen. Von hier geht es auf dem Höhenweg Nr. 33 zur Aussichtsplattform am Pederköpfl. Dieser Aussichtspunkt befindet sich am Südhang der Kalvenwand, einem leichten Wander-Dreitausender. Von hier genießt man einen grandiosen Blick auf die Gletscherberge der Ortlergruppe: Zufallspitze, Veneziaspitze und Zufrittspitze. Nächstes Ziel ist die gemütliche Lyfialm, in der wir einkehren. Auf einem schönen Wanderweg oder der Schotterstraße geht es zurück zur Enzianhütte.

WEITERE INFORMATIONEN

Tourist-Info: vinschgau.net/de/latsch-martelltal/ferienorte/martelltal.html
Ausgangspunkt: Martell, Talschluss
GPS: 46.487176, 10.685498
3,6 Kilometer, 1,5 Stunden, 240 Höhenmeter

12

PLAUSER TOTENTANZ – NEUER BLICK AUF DIE ENDLICHKEIT

MEMENTO MORI IM VINSCHGER DIALEKT

Das Dorf Plaus am Eingang zum Vinschgau liegt zwischen Naturns und Partschins. Auf der Friedhofsmauer der Pfarrkirche findet man 18 Gemälde eines Totentanzes. Alle Darstellungen sind in Vinschger Mundart beschrieben. Dieser »Danse Macabre« ist ein Kunstwerk zum Nachdenken und gleichzeitig ein Memento mori, das uns an die eigene Sterblichkeit erinnert.

»Laich isch Laich, isch olm lai Laich – pann huamgian saimr olle glaich« – ganz so einfach ist der Vinschgauer Dialekt nicht zu verstehen, aber es hilft, wenn man sich den Text vorliest: »Leiche ist Leiche, ist immer nur eine Leiche – beim Heimgehen sind wir alle gleich.« Das fünfte Bild, das der Südtiroler Künstler Luis Stefan Stecher (geb. 1937) 2001 geschaffen hat, bringt den ganzen Totentanzzyklus auf den Punkt: Im Moment unseres Sterbens sind alle Menschen gleich.

Die ersten Totentänze entstanden im 14. Jahrhundert in Frankreich. Es sind allegorische Darstellungen, die zeigen, dass Leben und Tod unweigerlich zusammengehören und schlussendlich jeden Menschen treffen – egal, aus welcher Gesellschaftsschicht, welchen Alters oder Geschlechts. Keiner kann dem Tod entkommen. Da ist die Vorstellung, dass der Tod uns selbst einmal zu einem letzten Tanz auffordern wird, fast schon ein wenig tröstlich.

In Plaus gab es einen uralten Totentanzzyklus. Er war bereits stark verwittert und nicht mehr zu restaurieren. So beauftragte man den Künstler Luis Stecher, einen neuen »Tanz« zu malen. In ihm sind einige Vinschgauer Besonderheiten zu finden, wie die Motorradfahrer, die gern auf der Plauser Geraden, dem ersten schnurgeraden Straßenstück hinter Partschins, zum Überholen ansetzen und oft vom Tod ausgebremst werden. Verewigt sind auch Persönlichkeiten, wie der (noch lebende) Politiker Arnold Schuler, der aus einer Plauser Obstbauernfamilie stammt und im Südtiroler Landtag sitzt, oder der Maler Alois Kuperion, der 1966 verarmt starb und als Wandermaler umherstreifte. In Stechers Totentanz werden auch die Lärchen und die Ochsen auf dem Malser Gollimarkt, einem Viehmarkt, der jedes Jahr am 16. Oktober stattfindet, nicht verschont. Dagegen erzählt das Schlussbild von der herrlichen Auferstehung: »Enterprugg entn wearn miar verschtian – do wearn inz wia Kindr di Augn aufgian.« (»Hinter der Brücke drüben werden wir verstehen, da werden uns wie Kindern die Augen aufgehen.«) Der geflügelte Tod weist den Weg über die Regenbogenbrücke und verspricht einen Platz im Himmel.

← Der letzte Tanz in Mundart: »Tanzen tun wir alle gern – nur nicht mit so dürre Herrn.«
↓ Der neue Kirchenbau steht direkt neben der alten Pfarrkirche von Plaus.

INFO

BRETTLJAUSEN
In Plaus sind gleich mehrere Speckbetriebe ansässig. Kleine und feine Produzenten, die sich auf ihr Handwerk verstehen. Frisches Fleisch aus artgerechter Tierhaltung, feine Bergkräuter und Gewürze, sanftes Räuchern über Buchenholzspänen sowie reichlich frische Bergluft gehören zum Geheimnis der Herstellung. Das ist Qualität aus Südtirol: Dieser Speck darf bei keiner Brettljause fehlen (Info: plauserspeckladele.it, alpenfein.com, schmidspeck.com).

WEITERE INFORMATIONEN
Touristinfo: merano-suedtirol.it
Genusshotel Stefanshof: stefanshof.com
Der Totentanzzyklus ist jederzeit frei zugänglich:
GPS: 46.655692, 11.042065

Wallfahrtskirche St. Monika

In Plaus gibt es noch eine weitere Besonderheit. Im Jahr 2017 wurde am Gedenktag der heiligen Monika eine nigelnagelneue Kirche geweiht, die direkt neben der alten und zu klein gewordenen Ulrichskirche errichtet worden war. Die Architektur des Kirchenneubaus beeindruckt durch ihre Schlichtheit. Schon am Eingangsportal durchschreitet man ein überdimensionales Kreuz aus weißem Laaser Marmor. Im Altarraum wiederholt sich das Sinnbild des Regenbogens in einem farbigen Kreuz, über dem sich der tiefblaue Südtiroler Himmel in einer goldenen Kuppel öffnet.

13

PARTSCHINSER WASSERFALL – SPEKTAKEL DER NATUR

UNBEKANNTES KLEINOD BEI MERAN

Der Partschinser Wasserfall ist nicht berühmt – trotzdem oder vielleicht gerade deshalb lohnt sich ein Besuch. Er liegt landschaftlich wunderschön, bietet einen traumhaften Ausblick auf das Meraner Becken und ist tatsächlich nicht überlaufen. Zudem gibt es auf dieser Tour einige empfehlenswerte Einkehrmöglichkeiten.

Mit einer Fallhöhe von fast 100 Metern zählt der Partschinser Wasserfall zu einem der schönsten Wasserfälle im Alpenraum. Gerade im Frühjahr nach der Schneeschmelze ist das Schauspiel beeindruckend. Von der Aussichtsplattform hat man einen großartigen Blick auf den nahen Wasserfall. Gleichzeitig ist der Ausblick auch auf die Umgebung und die Stadt Meran beeindruckend. An sonnigen Tagen glitzert das herabstürzende Wasser am späten Vormittag in Regenbogenfarben. Die Luft- und Wasserqualität am Wasserfall wurde zuletzt von der Technischen Universität München gemessen: Die Luft hier ist ausgezeichnet, weshalb ein Aufenthalt am Wasser durchaus gesundheitsfördernde Wirkung hat.

Gemütlich erreicht man den Wasserfall mit dem Linienbus. Dieser hält am Gasthaus Wasserfall, von wo man in wenigen Minuten zur Aussichtsplattform am Wasserfall hochsteigen kann. Nachdem man das Naturspektakel bestaunt hat, lockt das Gasthaus mit einer genussvollen Einkehr.

Rundwanderung von Partschins aus

Den Wasserfall erreicht man auch zu Fuß von Partschins aus in etwa einer Stunde. Die angenehme Rundwanderung beginnt in der Ortsmitte, von wo wir in westliche Richtung gehen. Auf einer Brücke überqueren wir den Bach und folgen einem Weg parallel zum Bachlauf aufwärts. Danach folgen wir der Straße durch den Ortsteil Salten und zweigen schließlich nach rechts auf einem Steig ab, der uns durch ein schönes Waldstück bis zum Gasthaus Birkenwald bringt. Nach einem kurzen Straßenabschnitt geht es wieder auf einem Steig in Richtung Gasthaus Wasserfall. Dabei kommen wir dem Wasserfall ganz nah. Tosend stürzt das Wasser über die Steilstufe ins Tal.

Nach dem Besuch des Wasserfalls kann man die Rundwanderung noch ein wenig ausdehnen. Hierzu folgt man dem Wegweiser Partschinser Höhenweg. Dieser bringt uns zur Jausenstation Prünster, einer Einkehrmöglichkeit mit schöner Aussicht. Kurz davor stehen auf einem kleinen Plateau ein paar Bänke, die zu einer Pause einladen. Danach folgen wir ein Stück der Straße in Richtung Osten. Bald schon biegen wir auf den Partschinser Höhenweg ab, der uns über die steilen, sonnigen Südhänge führt. Immer wieder hat man eine wunderbare Aussicht in das Tal und zu den umliegenden Bergen. Wir erreichen eine Straße und wandern anschließend hinunter nach Vertigen. Von hier aus ist es dann nicht mehr weit zum Ausgangspunkt in Partschins.

INFO

PARTSCHINSER SAGENWEG

Die Umgebung von Partschins ist reich an vorgeschichtlichen Siedlungs- und Kultplätzen. Der Partschinser Sagenweg verbindet einige dieser Plätze, so auch den Golderskofel mit seinem weiten Ausblick oder den sagenumwobenen Saltenstein. Wir wandern von Partschins in östlicher Richtung nach Vertigen und biegen dann nach links auf dem Sagenweg ab. Dieser führt oberhalb des Dorfs bis zu einer Abzweigung. Hier biegen wir nach rechts ab und steigen hinauf zum Golderskofel. Wenig später folgen wir einer Straße nach links, die uns nach Salten und zum Saltenstein bringt. Von hier geht es nach Süden zum Bach, dem man bis zur Brücke folgt. Der Weg führt über die Brücke Richtung Osten. Auf der Breiten Straße wandern wir dann zurück in die Ortsmitte von Partschins.

WEITERE INFORMATIONEN

Touristinfo: merano-suedtirol.it/de/partschins-rabland-und-toell.html
Ausgangspunkt: Partschins
GPS: 46.684143, 11.073302
9,2 Kilometer, 4 Stunden, 580 Höhenmeter

↖ Am Partschinser Wasserfall
↑ Historisches Wasserkraftwerk am Partschinser Wasserfall

Blick vom Tappeinerweg aus auf die Stadt Meran

MERAN MIT BURG-GRAFENAMT

Neues entdecken und unvergessliche Momente erleben in einer von der Sonne verwöhnten Ecke Südtirols

14

TIMMELSJOCH – AUF SERPENTINEN HIMMELWÄRTS

ONCE-IN-A-LIFETIME-PASSSTRECKE

Einmal im Leben sollte man die Passstrecke am Timmelsjoch gefahren sein. Diese einzigartige Hochalpenstraße verbindet das Passeier Tal mit dem Ötztal. Die »Freude am Fahren« spielt dabei eine sekundäre Rolle. Auf dieser Strecke dreht sich alles um die grandiose Landschaft, die durch einige Kunstobjekte in Szene gesetzt wird.

Das Timmelsjoch ist mit 2474 Metern Meereshöhe der dritthöchste Pass in den Ostalpen. Schon seit Jahrtausenden wird dieser Alpenpass von Menschen begangen. Das beweisen archäologische Funde von Hirten und Jägern aus der Zeit um 6300 v. Chr. auf der Ötztalerseite bei Obergurgl. Auch eine goldene Fibel aus der Zeit um 300 v. Chr. wurde auf dem Pass gefunden. Bereits im frühen Mittelalter nutzten Bauern aus dem Vinschgau und dem Passeier Tal die Pfade, um ihre Tiere zur Sömmerung auf die Weiden in die Hochtalmulden des Ötztals zu bringen. Eine erste urkundliche Erwähnung des Passes unter dem Namen »Tymel« erfolgte 1241 im Testament des Grafen Ulrich aus dem oberbayerischen Eschenlohe, der seinen gesamten Besitz im Inntal und jenseits des »Tymels« dem Hochstift von Brixen vermachte.

Im Laufe von Jahrhunderten wurden aus den schmalen Wegen über den Pass größere Saumpfade, auf denen Waren mit Pferden zwischen den Tälern hin- und hertransportiert wurden. Derartige Saumpfade finden sich überall in den Alpen und hatten immer eine große wirtschaftliche, aber auch soziale, kulturelle und sogar religiöse Bedeutung.
Bis zum 15. Jahrhundert war das Timmelsjoch ein wichtiger Handelsweg. Auf diesem Weg schleppten die berühmten Ötztaler Kraxenträger bis zu 100 Kilogramm Waren auf ihren hölzernen Tragegestellen über den Berg. Eine echte Meisterleistung! Die Bedeutung des Timmelsjochs schwand jedoch, als die Pässe über den Brenner und Jaufen besser ausgebaut wurden. Lange Zeit wurde die Passstrecke nur noch zum Viehauftrieb und später für das Schmuggeln von Waren benutzt. Dann wurde der Pass im Jahr 1918 geteilt. Gehörten vorher sowohl das Ötztal wie das Passeier Tal zum Land Tirol, so wurde die Passstrecke jetzt zur Landesgrenze zwischen Italien und Österreich. Aus dem Dornröschenschlaf erwachte das Passeier Tal erst wieder mit dem Bau der modernen Passstraße, die feierlich am 15. September 1968 eingeweiht wurde.

Von den Palmen in die Gletscherwelt

Seitdem ist es leicht, aus dem sonnigen Meran zum Skifahren in die Obergurgler Gletscherwelt zu wechseln. Das Timmelsjoch und seine Straße bilden dabei das »Tor zum Süden«. Vom Passeier Tal schlängelt sich die Straße fast 23 Kilometer weit über 1400 Höhenmeter hinauf zum Pass. Dabei liegen zahlreiche Kurven und Serpentinen und sogar der eine oder andere Tunnel auf dem Weg. Eine anspruchsvolle Strecke, die beim Befahren jedoch großes Vergnügen bereitet. Das liegt in erster Linie an der sensationellen

→ Im Bunker Mooseum in Moos in Passeier ist eine Bunkeranlage des Alpenwalls aus dem Zweiten Weltkrieg zu sehen.

Landschaft, durch die man dabei fährt. Der Weg hinauf auf den Pass schließt alle Vegetationszonen ein. Aus den mediterranen Gefilden bei Meran geht es hinein in die felsige und karge Welt der Hochalpen. Nur einen Gletscher touchiert man auf der Strecke nicht.

Die Erlebnisstraße

Gut 50 Jahre nach der Eröffnung der Timmelsjochstraße wurde zum Jubiläum viel Geld in die Passstraße investiert und eine Erlebnisstraße daraus gemacht. Fünf beeindruckende Architekturskulpturen des Südtiroler Architekten Werner Tscholl (geb. 1955) weisen als Informationspunkte auf die Besonderheiten der Landschaft hin. Auf der Passhöhe wurde das außergewöhnliche Passmuseum errichtet, und wer auf die österreichische Seite wechselt, trifft an der Mautstelle auf den Top Mountain Crosspoint. Neben einem Café und Panoramarestaurant mit gigantischer Aussicht auf die Ötztaler Berge gibt es ein Motorradmuseum und einen Aussichtspunkt mit riesigem Bergkristall.

Das Kleingedruckte ...

Nicht verschweigen darf man, dass der Übergang auf der Timmelsjochstraße mehr Maut kostet als der Brennerübergang. Der Pass wird im Spätherbst bis zur Schneeschmelze geschlossen. Die Öffnungszeiten im Frühjahr hängen von der Schneelage ab, denn dann müssen sich die Schneefräsen ihren Weg freischaufeln – das kann bei einer Schneehöhe von bis zu 10 Metern eine Weile dauern. Außerdem gilt für den Pass ein Nachtfahrverbot. Gerade auf der Südtiroler Seite mit ihrer steilen, engen und zum Teil ausgesetzten Straßenführung eine gute Entscheidung.

Wanderungen am Pass

Selbstverständlich muss man bei einer Fahrt über das Timmelsjoch nicht nur im Auto, auf dem Fahrrad oder auf dem Motorrad sitzen. Es gibt herrliche Wandertouren, die man direkt von der Passstraße aus starten kann. Das hat den Vorteil, dass man sich viele Höhenmeter Aufstieg erspart. Unweit der Station »Fernrohr« führt direkt in der Kurve ein kurzer Weg entlang der jungen Passer zur Timmelsalm, die im Sommer bewirtschaftet ist.

Etwas höher gelegen kann man am Oberglanegg-Parkplatz sein Auto abstellen, um über die Oberglaneggalm zum Seeber See zu wandern. Allein diese Wanderung ist ein echter Secret Place in Südtirol. Landschaftlich ist die Route kaum zu überbieten und beinhaltet eigentlich alles, was man sich auf einer Bergwanderung wünschen kann: ein gigantisches Panorama, eine Einkehrmöglichkeit in einer Alm – und einen idyllischen Bergsee. Zudem ist die Tour mit 8 Kilometern und 280 Höhenmetern keine schwierige Angelegenheit, wobei man trotz allem immer bedenken sollte, dass man sich im Hochgebirge befindet.

↗ Installationen entlang der Timmelsjochstraße von dem Architekten Werner Tscholl (siehe auch Tour 3)
↖ Am Bergkristall »Aljuna«, einem Friedenssymbol, befinden wir uns bereits im Ötztal.
← Motorcycle Museum und Café Crosspoint

INFO

BUNKER MOOSEUM

Das letzte größere Dorf im Passeier Tal vor der Auffahrt auf das Timmelsjoch ist Moos in Passeier. Hier führt auch der Fernwanderweg E 5 vorbei. Ein Stopp an diesem Ort lohnt sich für einen Besuch des Bunker-Museums, das auf den Resten einer Bunkeranlage des Alpenwalls erbaut wurde (siehe auch Tour 1). In das Museumsgelände ist ein Gehege mit Steinböcken integriert, sodass man die Tiere mit ihren gewaltigen Hörnern gut aus der Nähe sehen kann. In Moos in Passeier startet auch der Passerschluchtenweg, der auf dramatischen Pfaden und Stegen bis nach St. Leonhard führt. Auf dem Schluchtenweg kann man Wasserfälle und eine Gletschermühle sehen (siehe Tour 16). Darüber hinaus gibt es in der Umgebung Klettersteige und Touren in anspruchsvolle Wanderregionen, unter anderem zu den Bergen des Naturparks Texelgruppe. Stärkung bietet das Café Maria. Der Gasthof Mooserwirt gegenüber ist für seine gute Küche bekannt.

WEITERE INFORMATIONEN

Touristinfo: passeiertal.it oder obergurgl.com
Aktueller Zustand der Timmelsjochstraße: timmelsjoch.com
Bunker Mooseum in Moos in Passeier: museum.hinterpasseier.it

Der Ort Moos liegt idyllisch am Talschluss des Passeier Tals.

15

SCHNEEBERG – EUROPAS HÖCHSTGELEGENES BERGWERK

BERGBAUABENTEUER IM PASSEIER TAL

Das Bergbaugebiet am Schneeberg gehörte einst zu den größten Bergwerken in Europa und wurde Ende der 1960er-Jahre stillgelegt. Einige der Anlagen können heute noch bei einer Führung besichtigt werden. Zudem lädt eine gemütliche Schutzhütte hier zur Einkehr nach dem Aufstieg von der Timmelsjochstraße ein.

Weit sind die Almwiesen um das Berghaus St. Martin im Schneeberg. Das ehemalige Knappenhaus wurde nach der Schließung des Bergwerks vor rund 50 Jahren zu einer Schutzhütte mit Museum umgebaut. Zum Teil lebten bis zu 1000 Menschen in dieser höchsten Dauersiedlung Europas, die auch mit dem Bergwerk im Ridnauntal verbunden war. Nachdem der Bergbau eingestellt worden war, drohte alles zu verfallen, sodass man sich entschloss, die ganze Anlage in ein Museum umzuwandeln. Heute befindet sich im Berghaus ein Schauraum. Im Areal des ehemaligen Knappendorfs liegt auch das Kirchlein Maria Schnee. Zudem kann das Bergbaugelände auf angebotenen Wanderführungen erkundet werden. Besonders empfehlenswert ist die Führung »Abenteuer Schneeberg«. Die Führung beinhaltet den Aufstieg zum Knappendorf St. Martin mit seinem Schutzhaus. Nach einer Einkehr im Berghaus wandert man zur Schneebergscharte und weiter zum Poschstollen. Anschließend geht es mit der Grubenbahn unter den Berg. Den Abschluss des Bergwerkabenteuers bildet ein Gang durch den Karlstollen.

Verschiedene Wege nach St. Martin

Am schnellsten erreicht man das Knappendorf von der Schneeberger Brücke von der Timmelsjochstraße aus. Auf einem bequemen Wanderweg (Wegmarkierung Nr. 31) wandern wir hinauf nach Seemoos und weiter zum Schutzhaus St. Martin am Schneeberg. Für den Abschnitt gibt es zwei Wegvarianten, die beide empfehlenswert sind. Bei Seemoos sieht man schon die ersten Bergwerksbauten: das Kraftwerk und einen Wassertonnenaufzug auf Schienen. Eine weitere, schöne Aufstiegsroute führt von der Timmelsbrücke herauf zum Schutzhaus. Der schöne Höhenweg (Wegmarkierung Nr. 29) führt nach Seemoos und weiter nach St. Martin. Theoretisch lassen sich beide Wanderrouten miteinander kombinieren. Es gibt täglich mehrere Busverbindungen zwischen den beiden Ausgangspunkten.

Wer nicht an einer offiziellen Führung teilnehmen möchte, kann noch eine beschauliche Rundtour zum Kleinen Schwarzsee unternehmen, der sich oberhalb der Hütte befindet. Hier am See lassen sich die Schönheit der Landschaft und die tolle Aussicht auf die Umgebung und das Bergbaugebiet von St. Martin in aller Ruhe genießen. Nach der Pause am See kann man die Wanderung noch ein wenig ausdehnen und hinüber zum Kaindlstollen wandern und von dort aus wieder hinunter zum Schutzhaus, wo nun endlich eine gemütliche Einkehr auf uns wartet.

INFO

TEIL DES LANDESMUSEUMS BERGBAU

Das Bergbaumuseum um das Knappendorf am Schneeberg ist Teil des Südtiroler Landesmuseums für Bergbau. Neben dem beim Becherhaus erwähnten Erlebnisbergwerk in Ridnaun gehören auch die beiden Standorte in Steinhaus und Prettau im Ahrntal zum Museumsverbund. An diesen Standorten lässt sich auf vielfältige Weise die jahrhundertelange Bergbautradition in Südtirol anschaulich erkunden. Man kann sich kaum vorstellen, unter welch schwierigen Bedingungen die Menschen damals gearbeitet und gelebt haben. Während in den Bergwerken in Ridnaun und Schneeberg vor allem Silber und Zink abgebaut wurden, so war im Ahrntal Kupfer das bebegehrte Material. Es gibt einen Online-Audioguide, den man auf das Handy laden kann.

WEITERE INFORMATIONEN

Touristinfo: merano-suedtirol.it/de/passeiertal.html
Ausgangspunkt: Moos in Passeier, Schneebergbrücke
GPS: 46.896449, 11.129901
17,5 Kilometer, 6,5 Stunden, 620 Höhenmeter

↖ Blick über das ehemalige Knappendorf am Schneeberg mit der Kirche Maria Schnee
↑ Am Schneeberg wurde viele Jahrhunderte nach Silber, Zink und Blei geschürft.

16

MOOS IN PASSEIER – SCHLUCHT UND GLETSCHERMÜHLEN

NATURPHÄNOMENE IM PASSEIER TAL

Um Moos in Passeier findet man einige Naturschönheiten. Bei unserer Wanderung kommen wir am eindrucksvollen Stieber Wasserfall vorbei. Anschließend besuchen wir die Gletschermühlen, die in der letzten Eiszeit entstanden sind. Sehenswert ist auch die wilde Passerschlucht, die man auf einem Steig erkunden kann.

In der Umgebung befinden sich an die zwanzig Gletschermühlen. Die größte ist gut sechs Meter tief und hat einen Durchmesser von über zehn Metern. Diese Felsgebilde entstanden während der Würmeiszeit vor rund 22 000 bis 10 000 Jahren. Es handelt sich dabei um spiralförmige Vertiefungen, die zuerst auf der Gletscheroberfläche durch abfließendes Schmelzwasser entstanden sind. Mitgeführte Steine schleiften schließlich Vertiefungen bis in die Felsen.

Der rauschende Stieber Wasserfall

Auf unserer ersten Etappe besuchen wir den Stieber Wasserfall und die Gletschermühlen. Wir beginnen die Wanderung am Parkplatz in Moos in Passeier. Auf dem Gehweg wandern wir entlang der Straße in Richtung Platt und gelangen dann hinunter zur Passer, die wir auf einer überdachten Brücke überqueren. An dieser Stelle ist die Passer noch recht zahm. Weiter unten zwängt sie sich dann durch die Passerschlucht und wird sehr viel aufgewühlter und gewaltiger.

Wir gehen noch ein Stück auf der Straße weiter, bis uns ein Wegweiser nach links in Richtung Stieber Wasserfall leitet (Weg Nr. 5). Der Weg führt nun steil im Wald bergab und bringt uns zu einer Wiese. Hier haben wir einen ersten Blick auf die Ortschaft Platt, die oberhalb liegt. Wir besuchen Platt später auf dem Rückweg von der Wanderung.

Der Weg führt nun zu einer Brücke, die direkt über den Abfluss des Stieber Wasserfalls führt. Hier stürzt der Pfelderer Bach zuerst 19 und dann ganze 18 Meter tief in die Passer. Von der Brücke aus genießen wir einen grandiosen Blick auf die herabstürzenden Wassermassen. Achtung: Es sprüht hier so stark, dass man auf der Brücke nass wird.

Die Gletschermühle unter Platt

Unser nächstes Ziel ist die Gletschermühle bei Platt. Nach dem Stieber Wasserfall führt der Weg wieder in den Wald. Erst steigt der Weg nur sanft an, auf dem letzten Abschnitt vor Bad Sand wird er dann ein wenig steiler und windet sich in einigen Kehren bergauf. Eine Informationstafel am Weg weist darauf hin, dass hier früher einmal Schwefel abgebaut wurde. Die Schwefelquelle versiegte jedoch irgendwann und das Heilbad gibt es inzwischen auch nicht mehr. Stattdessen findet man an dieser Stelle heute Ferienwohnungen. Wir gehen an den Gebäuden vorbei zur Straße und folgen dem Wegweiser (Markierung Nr. 5), der uns weiter nach links schickt. Der Weg quert nun zuerst eine Wiese hinüber zum Waldrand und verläuft dann immer

→ Am Stieber Wasserfall

wieder auf- und absteigend durch den Wald in östliche Richtung. Nach einem kurzen Anstieg erreichen wir eine Lichtung, tauchen noch einmal in den Wald ein und gelangen schließlich zu einem etwas breiteren Weg. Ein Wegweiser schickt uns nach links Richtung Gletschermühle. Steil steigen wir bergab bis zu einer ebenen Fläche. Hier führen die Markierungen an einem Zaun vorbei direkt zur Gletschermühle. Wir treten an die Einzäunung um die Mühle heran und gönnen uns einen schaurigen Blick in das dunkle, unheimliche Loch. Durch die Umgebung im Wald hat dieser Ort schon beinahe eine mystische Atmosphäre.

Auf dem Rückweg führt die Strecke über das Dorf Platt. Wir gehen zuerst wieder hinauf zum Hauptweg und folgen diesem bis zur nahen Straße, wo sich eine Kapelle befindet.

Der Wald lichtet sich und wir genießen einen wunderbaren Ausblick auf die gegenüberliegende Talseite. Wir folgen der Straße nach rechts in Richtung Platt. Kurz vor der Ortschaft bietet sich ein Blick auf Platt und die Kirche St. Ursula. Wir gehen in den Ort hinein, wo mehrere Gasthäuser zu einer Einkehr einladen.

Zurück führt uns der Weg aus der Ortschaft Platt heraus nach links in Richtung Moos in Passeier. Wir ignorieren einen Abzweig nach links und folgen der Straße bis zu einer kleinen Brücke. Hier zweigt der Steig nach rechts ab und führt steil hinunter in den Wald. Dieser Abschnitt durch den Wald mit den Bächen ist märchenhaft schön. Nach dem Waldabschnitt erreichen wir wieder eine Wiese. Auf dieser gehen wir hinunter in Richtung Bad Sand. Wir folgen dem Weg an den Häusern entlang zu einer Straße und biegen dort nach rechts ab. Nun treffen wir wieder auf den Hinweg und folgen diesem bergab bis zum Stieber Wasserfall. Hier kann man noch einmal das rauschende Wasser bestaunen, dann geht es zurück zur Brücke über die Passer und hinauf zum Parkplatz in Moos in Passeier.

Durch die wilde Passerschlucht

Von Moos in Passeier wandern wir in die Passerschlucht hinunter. Seit ein paar Jahren führt ein eindrucksvoller Weg durch die Schlucht, die über Brücken, Galerien und Treppen begehbar gemacht wurde. Teilweise wandert man auf exponierten Stegen in atemberaubender Höhe über dem tosenden Wasser. Viele der Stege bestehen lediglich aus Gitterrosten, sodass man einen direkten Tiefblick auf das schäumende Wasser der Passer bekommt. Der Weg ist gut ausgebaut und bei trockenem Wetter gefahrlos zu begehen. Um die Tiefblicke in das Wildwasser entspannt genießen zu können, sollte man allerdings etwas schwindelfrei sein. Wir folgen dem Steig hoch über dem tosenden Wasserlauf bis nach St. Leonhard in Passeier. Mit dem Bus fahren wir dann zurück nach Moos in Passeier. Man kann den Weg auch in St. Leonhard beginnen und hinauf nach Moos wandern. Insgesamt rechnet man für die Schlucht eine gemütliche Gehzeit von drei Stunden.

↗ Blick auf Moos im Passeier Tal
↖ Der Passerschluchtenweg führt auf Stegen, Brücken und Balkonen über sieben Kilometer direkt am tosenden Wildbach entlang.
← Auf dem Weg durch die Passerschlucht

INFO

AUSFLUG ZUM ULFASER WAAL

Oberhalb der Ortschaft Platt befindet sich der Weiler Ulfas. Noch ein paar Höhenmeter oberhalb liegt der kleine Parkplatz beim Hof Kratzegg. Hier starten einige Wanderungen. Neben der anspruchsvollen Tour zur Kolbenspitze (2868 m) und der etwas leichteren Matatzspitze (2179 m) gibt es noch den Ulfaser Waal zu erkunden. Dieser verläuft von der schön gelegenen Ulfaser Alm bis zur Waaler Hütte am Ostgrat der Matatzspitze. Der Weg ist gemütlich zu laufen. Man genießt die Ruhe des Waldes und das sanfte Wasserplätschern im Bewässerungskanal. Am Ende der Runde gönnen wir uns eine kleine Pause an der Waaler Hütte. Hier kann man die Waal-Schelle hören. Sie zeigt an, dass das Wasser ungehindert fließt. Ist der Waal verstopft, verstummt die Schelle und somit weiß man, dass man den kleinen Bewässerungskanal reinigen muss. Die Rundtour führt eigentlich über den Gipfel der Matatzspitze. Daher kehren wir um und wandern gemütlich zurück zur Ulfaser Alm. Die Alm mit ihrer sonnigen Terrasse und den saftigen Wiesen bietet sich noch einmal für eine Einkehr an. Wir lassen uns von Südtiroler Köstlichkeiten verwöhnen und genießen die wunderbare Umgebung. Manchmal spielen auf der Alm Südtiroler Musikanten. Dann empfiehlt es sich, etwas länger zu bleiben und zuzuhören.

Wanderweg am Ulfaser Waal

WEITERE INFORMATIONEN

Touristinfo: merano-suedtirol.it/passeiertal
Ausgangspunkt: Moos in Passeier
GPS: 46.822623, 11.186507
6,5 Kilometer, 3 Stunden, 350 Höhenmeter

17

PFELDERER TAL – SANFTER TOURISMUS

AUTOFREIES BERGDORF IM PASSEIER TAL

Pfelders liegt in einem Seitental von Moos in Passeier. Der Ort selbst ist autofrei. Man kann also ganz gemütlich durch die Straßen schlendern, in ein Gasthaus einkehren und die schöne Landschaft sowie die Ruhe genießen. Das Pfelderer Tal mit seinen schönen Almen und Bergen lädt zum Erkunden ein.

Der kleine Ort Pfelders ist von Almwiesen umgeben, auf denen Kühe weiden. Gleich hinter dem Ort ziehen die Hänge teilweise steil in die Höhe. Vor allem die an der Nordseite des Orts sind beeindruckend. Dort oben am Gipfelansatz des Seelenkogels (3475 m) steht die Zwickauer Hütte. Ein beliebtes Ausflugsziel von Pfelders aus ist auch die Stettiner Hütte, die nach einem Lawinenunglück wiederaufgebaut wurde. Eine traumhafte Rundwanderung führt über die Faltschnalalm hinüber ins Lazinser Tal. Dabei kann man den romantischen Erensee besuchen. Der Tourismus in Pfelders ist noch sanft geblieben. An diesem Ort lässt sich nachhaltig Urlaub machen. Das kleine Skigebiet ist beschaulich und besonders schön ist, dass der Ort frei von Autos ist. Eine große Schranke hält uns am Ortseingang davon ab, nach Pfelders hineinzufahren. Wir stellen stattdessen unser Auto am großen gebührenfreien Parkplatz ab und spazieren in das Bergdorf.

Zur Stettiner Hütte

Von Pfelders aus ist die Stettiner Hütte ein beliebtes Wanderziel, was auch daran liegt, dass die Hütte auf dem bekannten Meraner Höhenweg liegt. Die Hütte wurde 1895 bis 1897 von der Alpenvereinssektion Stettin erbaut. Wie viele Hütten in Südtirol wurde auch sie vom italienischen Staat enteignet, später aber wieder bewirtschaftet. Im Jahr 1992 errichtete man einen Neubau, der allerdings 2014 von einer Lawine zerstört wurde. Holzhütten dienten danach als provisorische Hütte, aber 2023 sollen diese durch einen Hüttenneubau ersetzt werden. Auf dem schönen Wanderweg Nr. 24 gelangen wir zum Lazinser Hof und gehen auf der Schotterstraße weiter bis zum Lazinser Kaser. Hier beginnt ein Steig, der uns durch ein Geröllkar hinauf zur Stettiner Hütte bringt. Da der Aufstieg mit vier Stunden recht lang ist, lohnt sich eine Übernachtung auf der Hütte.

Die Zwickauer Hütte

Am Südrand des Planferners, auf fast 3000 Metern Höhe, liegt die Zwickauer Hütte Auch sie wurde zum Ende des 19. Jahrhunderts erbaut. Aufgrund ihrer grenznahen Lage spielte sie immer wieder eine Rolle bei Konflikten mit der heimischen Bevölkerung. Sie war besetzt von der italienischen Finanzwache, die gegen Schmuggler vorging, und musste in der Folge auch zweimal neu aufgebaut werden. 1933 wurde sie wohl bei einem Racheakt angezündet und 1967 durch eine Explosion zerstört. Nur 500 Meter oberhalb der Hütte steht der Hintere Seelenkogel (3489 m). Für den Anstieg von Pfelders aus braucht man gute vier Stunden.

→ Keine Abgase, kein Motorenlärm: Das Bergdorf Pfelders ist autofrei.

Häuslerhof

← Auf dem Panoramaweg über Pfelders
↙ Einkehr an der gemütlichen Faltschnalalm
↘ Am Ende des Lazinser Tals: Blick auf die in Wolken gehüllte Texelgruppe und den Lazinser Hof

Wir gehen vom Ort aus auf dem Weg Nr. 6 A über die steilen Wiesenhänge bergauf. Nach der Überquerung des Fernerbachs erreichen wir die Schneidalm. Hier führt der Weg ein kurzes Stück nach Südwesten, zweigt aber bald nach rechts ab und steigt über die steilen, schrofendurchsetzten Hänge hinauf zur Zwickauer Hütte, die auf einem traumhaften Aussichtsbalkon liegt.

Faltschnalalm, Erensee und Lazinser Tal

Vom Parkplatz vor dem Dorf Pfelders geht es in den Ort hinein. Wir folgen dabei immer den Wegweisern in Richtung Faltschnalalm/Erensee. Am Ortsrand leitet uns dann der Weg Nr. 6 in den Wald hinein. Bald gelangen wir an eine geschotterte Forststraße, die wir überqueren.

Der Steig führt durch einen fast schon urwaldähnlichen Wald. Die wilde Vegetation ist beeindruckend. Ziemlich steil steigen wir jetzt bergauf bis zu einer weiteren Schotterstraße. Ein Wegweiser schickt uns rechts zur schön gelegenen Faltschnalalm. Die Alm kommt für eine Pause noch ein wenig zu früh – aber ein Getränk haben wir uns nach dem ersten anstrengenden Aufstieg verdient.

Nach der Alm folgen wir einem Stück der Schotterstraße bis zu einer Brücke über den Faltschnalbach. Hier biegen wir für den Abstecher zum Erensee auf den Weg Nr. 1 ab. Der Weg führt durch lichten Wald bergauf in freies Gelände. Wir steigen dabei immer auf die mächtige Erenspitze zu. Der kleine Erensee selbst ist erst kurz vor dem Ziel zu sehen. Nach einem steileren Aufstieg flacht das Gelände ab und führt in leichtem Auf und Ab zum Bergsee, der sich in dem Kar unter der Erenspitze versteckt. In der einsamen Umgebung des Sees gibt es genügend Sitzplätze in der Wiese oder auf Felsblöcken für eine Pause. Gerade dann, wenn ein paar Wolken um den See ziehen, ist die Stimmung besonders großartig. Beeindruckend ist von hier aus auch der Tiefblick hinunter in den Ort.

Nach der Pause steigen wir wieder hinunter zum Wegweiser bei der Faltschnalalm. Von hier können wir noch ein Stück zurück zur Alm gehen und dort einkehren. Wer gleich weitergehen möchte, folgt dem Weg Nr. 4 in Richtung Lazinser Tal. Der Weg führt in den Wald und bringt uns zu einer schönen Lichtung mit Bänken, die ebenfalls zu einer Pause verlocken. Nach der Lichtung steigen wir durch den Wald bis zu einer Schotterstraße ab. Linkerhand sehen wir jetzt den Lazinser Hof, der sich für eine Einkehr anbietet. Der Hof liegt traumhaft am Pfelderer Bach. Bänke und Tische laden zum Verweilen in der Sonne ein. Am Lazinser Hof beginnt der Weg Nr. 24, der auf der Nordseite des Pfelderer Bachs nach Pfelders zurückführt. Immer wieder bietet sich auf dem Rückweg ein schöner Blick auf den Ort Pfelders. Wir erreichen schließlich das Gasthaus Zeppichl, das sich zu einer Einkehr anbietet. Am Gasthaus beginnt eine Fahrstraße, die uns bequem hinunter in das Dorf und zum Parkplatz bringt.

INFO

MERANER HÖHENWEG
Ein Highlight ist der Meraner Höhenweg. Er führt in sechs Etappen um die Texelgruppe und macht auch in Pfelders Halt. Beeindruckend sind die unterschiedlichen Vegetationszonen, die man auf dem Weg kennenlernt. Startpunkt der Wanderung ist die Bergstation der Hochmuth-Seilbahn, hoch über Dorf Tirol. Auf dem schönen Höhenweg geht es, vorbei an der Leiteralm, dem Hochganghaus, der Tablander Alm und der Nasereit-Hütte, bis zum Berggasthaus Gigglberg an der Texelbahn. Die zweite Etappe des Höhenwegs führt durch die steilen Südhänge, vorbei an der Seilbahn Unterstell bis nach Katharinaberg im Westen der Gebirgsgruppe. Von hier geht es am nächsten Tag bis zum Eishof im Pfossental und von dort weiter bis zur Stettiner Hütte und nach Pfelders. Am fünften Tag führt der Weg zum nordöstlichsten Eck des Höhenwegs. Diese Etappe endet in Matatz, oberhalb des Passeier Tals. Am letzten Tag wandert man in das schöne Spronser Tal zum Gasthaus Longfall und von dort weiter zum Gasthof Hochmuth an der Bergstation der Seilbahn. Von hier aus geht es mit der Seilbahn wieder hinunter nach Dorf Tirol. Leider berührt der Höhenweg nicht die zentralen Bereiche der Texelgruppe. Trotzdem ist die Streckenführung äußerst abwechslungsreich. Gerade bei schönem Wetter zeigt sich die Vielfältigkeit des Wegs und der Landschaft.

Stettiner Hütte (2875 m); am höchsten Punkt des Meraner Höhenwegs

WEITERE INFORMATIONEN
Touristinfo: pfelders.info
Ausgangspunkt: Pfelders, Parkplatz vor dem Ort
GPS: 46.796390, 11.092364
10 Kilometer, 4 Stunden (plus Runde zum Erensee), 680 Höhenmeter

18

PFANDLER ALM – GEDENKSTÄTTE IM PASSEIER TAL

HOFERS LETZTER GANG!

Der aus dem Passeier Tal stammende Andreas Hofer ist als Freiheitskämpfer wie kein anderer Südtiroler in die Geschichte eingegangen. Beim Sandwirt, seinem Geburtshaus bei St. Leonhard, gibt es eine bekannte Gedenkstätte und ein Museum. Aber wer kennt die Pfandler Alm, seine letzte Zufluchtsstätte, bei der er verraten wurde?

Andreas Hofer wurde 1767 auf dem Sandhof im Passeier Tal geboren. Im Alter von drei Jahren starb seine Mutter und vier Jahre darauf auch sein Vater. Mit der Stiefmutter, die der Vater geheiratet hatte, verstand sich Andreas nicht, und so verließ er nach seiner Schulzeit sein Zuhause. Später übernahm er das elterliche Wirtshaus und zeigte viel Geschick im Handel mit Wein und Vieh. Hofer galt als gerecht, tapfer, gottestreu und war sehr beliebt. So wählte man ihn als Abgeordneten in den Tiroler Landtag. Als das Land Tirol im Jahr 1805 aus Kriegsgründen an das mit Napoleon verbündete Bayern abgetreten wurde, kam es zu Eingriffen in das alltägliche Leben der Tiroler. Die Reformen in der Kultur und Religion führten zu Widerständen und gipfelten durch die Zwangsrekrutierung der Tiroler für das Bayerische Heer am 9. April 1809 in einer Revolte in der Tiroler Hauptstadt Innsbruck. Angeführt durch Andreas Hofer errangen die Tiroler drei Siege gegen die bayerisch-französischen Truppen. Ein Friedensschluss wurde nicht akzeptiert, und so kam es im November erneut zu einem Kampf am Berg Isel, der jedoch von den Tirolern verloren wurde. Hofer flüchtet ins Passeier Tal und versteckte sich auf der Pfandler Alm. Kurz darauf verriet Franz Raffl, den man später als den Judas von Tirol bezeichnete, das Versteck. Man nahm Hofer daraufhin auf der Pfandler Alm gefangen und brachte ihn nach Mantua, wo er nach einem kurzen Schauprozess am 20. Februar 1810 erschossen wurde. Begraben ist Hofer in Innsbruck.

Andreas Hofer gilt als Nationalheld und unzählige Denkmäler, Gemälde, Romane, Theaterstücke und Lieder erinnern an ihn. Seine Vaterlandsliebe, der Wunsch nach Gerechtigkeit und seine Tapferkeit werden aber auch kritisch gesehen. Die Verehrung für ihn gipfelt in Souvenirartikeln, in Biersorten, Aschenbechern, bemaltem Geschirr, T-Shirts, oder Bettwäsche. Den bärtigen Tiroler Freiheitskämpfer mit dem dunklen Hut kennt einfach jeder.

Letzte Zuflucht: Pfandler Alm

Auf der Pfandler Alm brachte man 70 Jahre nach dem Tod von Andreas Hofer eine Gedenktafel an. Die Originalhütte brannte 1919 ab, aber eine neue Almhütte wurde an gleicher Stelle errichtet und ist heute ein Gedenkplatz für Hofer. Erreichbar ist die Pfandler Alm vom obersten Parkplatz aus in einer halbstündigen Wanderung entlang eines Themenwegs, der den letzten Gang des Freiheitskämpfers beleuchtet. Von St. Martin in Passeier aus dauert der Aufstieg zur Alm gut 2,5 Stunden.

← Pfandler Alm: Gedenkstätte für den Freiheitskämpfer Hofer und Ort für eine zünftige Einkehr.
↓ Im MuseumPasseier dreht sich vieles um Andreas Hofer und Helden im Allgemeinen.

INFO

EIN MUSEUM UND SEINE HELDEN

Das MuseumPasseier in St. Leonhard ist äußerst sehenswert. Es erzählt zum einen die Geschichte des Tals und im Besonderen die Lebensgeschichte des Freiheitskämpfers Andreas Hofer (1767–1810). Im ersten Stock des Museums dreht sich in einer Ausstellung alles um die Frage, wer und was Helden eigentlich sind und wie sich die Figur des Helden im Laufe der Zeit wandelt. Auch im Freigelände gibt es einiges zu sehen. Dort wurde ein für das Passeier Tal typischer, historischer Haufenhof mit allen Nebengebäuden aufgebaut. Daneben befindet sich das Geburtshaus Hofers, der historische Sandwirt, in dem man übrigens noch immer gut einkehren kann.

WEITERE INFORMATIONEN

Touristinfo: merano-suedtirol.it/de/passeiertal.html
Pfandler Alm: geöffnet von Mai bis Oktober, täglich außer Freitag
MuseumPasseier: geöffnet von Anfang April bis Ende Oktober (Info: museum.passeier.it)
Sandwirt: sandwirt.bz, geöffnet von Mitte März bis Mitte/Ende November, täglich 9–18 Uhr, Montag 9–15 Uhr

19

MAISER WAALWEG – IMMER AM WASSER ENTLANG

URALTE BEWÄSSERUNGSSYSTEME

Waalwege gibt es im regenarmen Vinschgau und bei Meran viele. Der Maiser Waalweg aber ist ein echter Geheimtipp. Obwohl einer der schönsten Waalwege, ist er doch so gut wie unbekannt. Er ist zwar weniger aussichtsreich, dafür aber noch in einem sehr ursprünglichen Zustand. Der Weg führt durch dichte Vegetation – und das Beste: Hier trifft man kaum andere Wanderer.

Der Begriff Waal hat natürlich nichts mit dem Säugetier im Meer gemein. Man vermutet, dass sich der Name vom lateinischen Wort *aqua* für Wasser ableitet, bzw. von *aqualis*, was nichts anderes als Wasserlauf bedeutet. Denn genau dies ist ein Waal: ein künstlich geschaffener Wassergraben, mit dem Wasser aus einem Bach oft kilometerweit an Stellen geleitet wird, an denen man es zur Bewässerung der Felder dringend braucht. Das war vor allem früher wichtig, als es noch keine modernen Bewässerungssysteme gab, wie man sie heute überall im Land sieht.

Wasser marsch!

Das alte herkömmliche System für die Bewässerung, die Waale, verrichtete seinen Dienst – und das effizient. Das kostbare Wasser wurde unter den Bauern gerecht verwaltet. Dazu gab es einen eigenen Verteilerschlüssel. Für die einwandfreie Funktion und Verteilung war der Waaler zuständig. Die Wartung und Pflege des Kanalsystems war sehr zeitintensiv. Daher wohnte der Waaler in einem eigenen Waaler-Häuschen, das meist auf halber Strecke entlang des Waals errichtet wurde. In den Wasserlauf eingebaute Glocken und Schellen zeigten ihm schon aus der Entfernung an, ob es irgendwo Probleme gab. Solange die Waal-Schelle regelmäßig schlug, wusste der Waaler, dass das Wasser fließt und sich in den Kanälen verteilt. Trotzdem musste er die Kanäle täglich abgehen, um sie zu kontrollieren und das Wasser gerecht zu verteilen. Dafür legte man eigene Waalwege entlang der Bewässerungsleitungen an, die wir heute als Wanderwege nutzen. Startplatz für unsere Wanderung am Maiser Waalweg ist die Talstation der Hirzerseilbahn in Salthaus im Passeier Tal. Dort folgen wir der kleinen Straße hinunter zur Passer. Dieser Fluss, die Lebensader der Stadt Meran, entspringt aus mehreren Quellbächen unterhalb des Timmelsjochs und durchfließt das Passeier Tal. Seine wilde Kraft lässt sich an der Brücke erkennen, wo das Wasser einige Steinbrocken mitten im Flussbett platziert hat. Ein Blick nach links zeigt uns den Beginn des Maiser Waals. In einem künstlich angelegten Kanal wird hier Wasser von der Passer abgezweigt, das nun mit weniger starkem Gefälle als der natürliche Fluss durch den Waal fließt. Nach der Brücke folgen wir rechts der Beschilderung zum Maiser Waalweg. Anfangs verschwindet der Waalweg noch für einige Hundert Meter. Doch kaum haben wir das Apfelhotel Torgglerhof passiert, wandern wir zwischen den Apfelplantagen und dem kleinen Bachlauf dahin. Der Weg wird schmal, und es ist eine wahre Freude, ohne Anstrengung am Waal entlangzuspazieren. Kurz darauf queren wir den Masulbach, wo wir den Waal nochmals kurz aus den Augen verlieren.

→ Fast die gesamte Wegstrecke bis Meran wird man von dem gurgelnden Wasserlauf begleitet.

Nach einer Apfelplantage heißt es aber dann wirklich: Immer am Wasser entlang! Der Waal und die Beschilderung »Maiser Waalweg/Meran« weisen nun den Weg. An einigen wenigen Stellen ist der Bachlauf begradigt, und das Wasser grummelt in einem betonierten Bachbett vor sich hin.

Das ist es: Genusswandern!

Steine, Felsen oder Berghänge prägen die idyllische Wegstrecke entlang des Waals. Je weiter wir gehen, umso dichter wird die Vegetation: Farne und Efeuranken säumen nun den Wasserlauf, hohe Kastanien, Eichen, Buchen und ein paar Kiefern spenden kühlen Schatten. An einigen markanten Stellen sind Infotafeln angebracht, die die Flur- und Ortsnamen erklären. Schließlich erreicht man auch das Waaler-Häuschen, an dem die Waal-Schelle wie eh und je gleichmäßig den Takt schlägt und akustisch anzeigt, dass das Wasser seinen rechten Lauf nimmt. Weiter dem Waal folgend, genießen wir immer wieder Ausblicke auf die nördliche Passeier Talseite, nach Riffian und hinauf nach Dorf Tirol. Wir ignorieren alle Abzweigungen. Der Weg wird zunächst noch ein wenig urwüchsiger und führt dann unterhalb der ersten Villen von Schenna durch die Weinberge. Nun queren wir eine Straße, und auf den letzten Metern führt der Waalweg noch einmal an Felsen und an einem Wasserfall vorbei. Die grüne Wildnis gleicht hier einem Dschungel. Schließlich erreichen wir am Buschenschank »Rast am Waal« das Ende des Wegs.

Durch Obermais

Ein Stück Weg haben wir jetzt noch vor uns, und so wandern wir an der Vorderseite des wunderschönen Sonnwendhofs vorbei. Das ist der offizielle Wanderweg, auch wenn er über Privatgrund führt, was wir natürlich respektieren und uns entsprechend verhalten. Imposant sind die mächtigen Bäume auf diesem Hof, vor allem die große Zeder an der Straße. Es gibt verschiedene Möglichkeiten für den Rückweg – je nachdem, wohin wir in Meran wollen. Entweder überqueren wir an der Zeder geradeaus die Straße und wandern auf dem Maiser Waalweg weiter, der am imposanten Schloss Planta vorbei nach Obermais führt. Oder wir halten uns rechts und steigen über die Pflanzensteinerstraße abwärts. Dort, wo die Straße auf die kleine Straßenkreuzung stößt, die in der Mitte mit einem Baum, einem Brunnen und einem Wegkreuz geschmückt ist, folgen wir rechts der Beschilderung nach Meran. Wenige Meter weiter geht es links auf den Lazagsteig, der oberhalb der Passer verläuft. Völlig verkehrsberuhigt kommen wir auf diesem Weg durch eine Unterführung und danach entweder links haltend zur Bushaltestelle Georgenstraße oder zur Sommer- und Winterpromenade unweit der Alten Brücke, die in die Altstadt von Meran führt.

↗ Am Sonnwendhof haben wir fast schon das Ende unseres Wegs erreicht.
← Der Maiser Waalweg bietet auch schöne Aussichten.

OBERMAIS UND SEINE SCHLÖSSER
Obermais ist als Villenviertel von Meran bekannt. Viele alte Ansitze, Schlösser und prächtige Villen, umgeben von großzügigen Gärten und Parkanlagen, säumen die Straßen. Im berühmten Schloss Trauttmansdorff weilte auch Sisi, die Kaiserin von Österreich, wenn sie sich zur Kur in Meran aufhielt. Das Schloss liegt inmitten der »Gärten von Schloss Trauttmansdorff«, einer botanischen Parkanlage, die 2001 eröffnet wurde und heute eines der Top-Ausflugsziele in Südtirol ist. Ein Geheimtipp ist jedoch das Zentrum von Obermais, das rund um den Brunnenplatz liegt. Dort ist auch das offizielle Ende des Maiser Waalwegs. Man kann von Obermais aus mit dem Bus nach Meran fahren. Zuvor lohnt sich aber ein Besuch im Restaurant Café Brunnenplatz. Die gute Küche mit ausgefallenen Südtiroler Gerichten ist ein Traum: Schwarzplentener Ribl, Brennesselspätzle, Milzschnittensuppe, Wolfsbarsch, Tafelspitz, Krautblattler … es schmeckt! Und erst der Nachspeisenturm! Einzig die Inneneinrichtung könnte ein Update vertragen.

WEITERE INFORMATIONEN
Touristinfo: merano-suedtirol.it
Ausgangspunkt:
Salthaus im Passeier Tal. Am besten erreichbar mit dem Bus 240 ab Meran.
9 Kilometer, 3 Stunden, 250 Höhenmeter bergab, 100 Höhenmeter bergauf

Ansitz Reichenbach, einst Wohnhaus des Kurarztes Franz Tappeiner, ist nur eine von zahlreichen Villen in Obermais.

20

SCHENNA – SPAZIERGANG IM SONNENECK

AUSSICHTSBALKON ÜBER MERAN

Das ehemalige Bergdorf Schenna ist heute ein bekanntes Urlaubsziel bei Meran. Mit sage und schreibe über 300 Sonnentagen im Jahr, einer großartigen Aussicht und tollen Wandermöglichkeiten kann man hier zu jeder Jahreszeit Urlaub machen. Besonders schön ist der Waalweg von Schenna, der uns gemütlich und aussichtsreich durch die Umgebung von Schenna führt.

Direkt von der Ortsmitte in Schenna aus geht es auf dem Weg mit der Markierung Nr. 20 in Richtung Waalweg. Wir wandern entlang der Straße bis zum Schloss von Schenna, das zu den bedeutendsten Schlössern in Südtirol zählt. Es besitzt eine Waffensammlung, eine Gemäldegalerie sowie zahlreiche kunsthistorische Objekte. Das Schloss entstand bereits um 1350. Der Bau ist heute noch bewohnt und kann im Rahmen einer Führung besichtigt werden.

Vom Schloss aus geht es entlang der Straße stetig aufwärts. Wir passieren den Gasthof Tiefenbrunn, danach verläuft der Weg durch die Obstplantagen. Wir gehen noch an einem letzten Gebäude vorbei und kommen nun zum steilsten Aufstieg der Tour. Über eine freie Wiese geht es bergan. Zwischendurch lohnt es sich, stehen zu bleiben, um die Aussicht auf die Umgebung zu bestaunen. Der Blick reicht weit über das Tal hinüber bis Dorf Tirol und die darüber aufragenden Gipfel der Texelgruppe. Steil führt der Steig nun bergauf bis zur Talstation der Seilbahn zur Taser Alm. Hier wenden wir uns nach rechts und folgen der Straße abwärts, bis eine Wegmarkierung die Richtung zum Waalweg nach links anzeigt. Wir folgen dem Steig, der in den Wald hineinführt, und treffen bald auf den wasserführenden Waal, dem wir ab jetzt folgen. Der Weg führt über eine Steilstufe bergab zu einem Wasserfall. Wir wandern ein kurzes Stück durch den Wald weiter und gelangen dann in freies Gelände. Wieder bietet sich hier eine wunderbare Aussicht. Und an dieser Stelle steht auch eine Bank, die zu einer Pause einlädt. Anschließend wandern wir auf dem Weg weiter und gelangen zu einem schön gestalteten Platz mit ein paar Bänken, wo man ebenfalls eine Pause einlegen kann.

Wir bleiben auf dem Waalweg, überqueren eine Straße, und erreichen schon bald die Jausenstation Café am Waal, die sich zu einer Einkehr anbietet. Nach einer Stärkung folgen wir ein Stück dem Waalweg weiter, bis wir auf eine Straße treffen. Hier geht es dem Wegweiser folgend nach rechts in Richtung St. Georgen. Auf einer asphaltierten Straße wandern wir hinunter zur schön gelegenen Rundkirche St. Georgen mit ihren wunderbar erhaltenen Wandmalereien aus dem 14. Jahrhundert. Gleich an der Kirche befindet sich das Restaurant Georgenhof, in dem sich ebenfalls eine Einkehr lohnt. Gegenüber vom Gasthof führt dann ein steiler Weg hinunter nach Schenna. Auf diesem Steig gelangen wir bald an eine asphaltierte Straße, auf der wir Richtung Schenna hinunterwandern. Schließlich erreichen wir die Hauptstraße, die rechts zur Ortsmitte führt.

INFO

RUNDWANDERUNG ÜBER DIE TASER ALM

Der Waalweg von Schenna führt auch an der Talstation der Seilbahn zur Taser Alm vorbei. Mit der Seilbahn fahren wir zur Bergstation hinauf. Von hier aus geht ein schöner Rundweg ab. Auf diesem wandern wir zur Ifinger Hütte, die eindrucksvoll unter den mächtigen Felsabstürzen des Ifinger Massivs liegt und sich als wunderbare Einkehrmöglichkeit anbietet. Der Weg führt von der Hütte aus noch ein kleines Stück aufwärts zu einer exponierten Aussichtsbank. Durch den Wald wandern wir nun abwärts zum Taser Höhenweg. Auf diesem aussichtsreichen Weg gehen wir in östlicher Richtung wieder zurück zur Taser Alm. Dabei kommt man an ein paar idyllisch gelegenen Berghöfen vorbei. Auch einige Berggasthäuser liegen auf dem Weg, in denen man gemütlich einkehren kann.

WEITERE INFORMATIONEN

Touristinfo:
www.merano-suedtirol.it/de/schenna.html
Ausgangspunkt: Schenna, Parkhaus in der Ortsmitte
GPS: 46.689477, 11.187870
5,5 Kilometer, 2 Stunden, 500 Höhenmeter

↖ Mausoleum für Erzherzog Johann und Pfarrkirche Mariä Himmelfahrt in Schenna
↑ Das Martyrium des heiligen Georg: Wandmalerei aus dem 14. Jahrhundert in der ehemaligen Burgkapelle St. Georgen in Schenna

21

MERAN – ALTBEKANNTES, BEWÄHRTES UND NEUES

IN DER SISI-KURSTADT MERAN

Meran, die Kurstadt, in die sich schon Kaiserin Sisi verliebt hat, die Tausende von Urlaubern in ihren Bann zieht und über die schon jede Menge Reiseführer geschrieben worden sind: Kann es da noch Secret Places geben? Vielleicht sind es keine absoluten Geheimtipps, aber doch Plätze und Orte abseits des Mainstreams.

Meran macht jeden glücklich, der die Stadt besucht. Und da Meran groß genug ist, findet jeder hier seinen persönlichen Secret Place. Einige Geheimtipps, die für uns überraschend und interessant sind, wollen wir verraten, denn abseits von Passer Promenade, Kurhaus, Laubengasse und Therme gibt es noch viel mehr zu sehen.

Zweimal Niedergang, dreimal erblüht, so könnte man die Geschichte Merans zusammenfassen. Nach jedem wirtschaftlichen Tief erhob sich die Stadt erneut, erfand sich neu – und das schöner und zeitgemäßer als zuvor. Selbst heute, wo viele Kurorte nicht mehr besonders angesagt sind, präsentiert sich Meran weltoffen, modern und wandelbar. Meran war im Mittelalter Hauptstadt und wirtschaftliches Zentrum von ganz Tirol. Anfang des 15. Jahrhunderts begann der Niedergang der Stadt, als Herzog Friedrich IV., der »Friedel mit der leeren Tasche«, seine Residenz nach Innsbruck verlegte. Erst im 19. Jahrhundert sorgten die Touristen, die Meran für sich entdeckten, erneut für einen Aufschwung. Ihren Ruhm als Kur- und Urlaubsort von Weltrang hat Meran jedoch der österreichischen Kaiserin Sisi zu verdanken, die in Meran zweimal den Winter verbrachte. Damals wollte die ganze Welt in dem Kurort verweilen, wo sich die Crème de la Crème der Königshäuser aufhielt. Der Charme der K.-u.-k.-Monarchie ist auch heute noch überall in der Stadt zu spüren. Bis 1914 war Meran die erste Kurstadt des Kaiserreichs, eine Blütezeit, die mit dem Ausgang des Ersten Weltkriegs ein jähes Ende nahm. Erst ein halbes Jahrhundert später begann Meran, durch geschickte Investitionen und gelungenes Marketing, den Aufstieg zu einem Zentrum des modernen Tourismus.

Die Landesfürstliche Burg neu entdeckt

Altbekannt? Doch wer besucht heute noch die Landesfürstliche Burg Tirol in Meran? Unser erster Secret Place ist ein wirklich historischer Ort, der jedoch so versteckt hinter den Laubengassen liegt, dass er gern übersehen wird. Vom Rathaus in der Mitte der Laubengasse nutzen wir den Durchgang, der uns zur Landesfürstlichen Burg von Tirol führt. Ein echtes Kleinod, das man sich jedoch, dem mächtigen Namen nach, definitiv größer vorstellen würde. Das Gefühl trügt nicht, denn ursprünglich diente Schloss Tirol oberhalb von Meran als Herrschersitz. Eigentlich war die Burg in der Stadt der Wohntrakt des fürstlichen Kelleramts. Doch Herzog Sigmund, »der Münzreiche«, ließ sie zum Wohnschloss umbauen. Seine frisch angetraute Gattin Eleonore, die immerhin Schwester des schottischen Königs Jakob II. war, sollte nicht im unbequemen Schloss Tirol nächtigen.

→ Wilde Wasser in der Stadt: Bei einem Spaziergang auf der Gilfenpromenade stößt man auf die Gilfenklamm.

← Versteckt im Stadtzentrum liegt die Landesfürstliche Burg Tirol aus dem 15. Jahrhundert.
↘ Entspanntes Sightseeing in Meran: zum Picknicken an den Passer Stufen niederlassen und das rege Stadttreiben beobachten

Die kleine Burg in Meran erinnert eher an ein Märchenschloss als an eine Verteidigungsanlage, trotz Schießscharten, mit Eisen beschlagenen Toren und Zinnen. Die waren nur Zierde, denn die Burg wurde nie belagert. Heute kann man sie besichtigen. Die Räume in der Burg sind schön, aber bescheiden. Man kann sich heute kaum vorstellen, dass Sigmund, der damals reichste Mann Europas, so einfach lebte!

Auf der »Promenade der Poesie«

Meran ist berühmt für seine Spazierwege und Promenaden. Tausende flanieren entlang der Winter- und Sommerpromenade. Schon Kaiserin Sisi nutzte diese Wege zur großen Passer Uferpromenade, um das Kurhaus und die Meraner Altstadt zu genießen. Aber man sollte unbedingt einmal die Verlängerung der Winterpromenade entlangspazieren. Diese wird bald zur Gilfpromenade, einer »Promenade der Poesie«, bei der Gedichte in die Rastbänke eingraviert wurden. Dann führt der Weg zur Gilfklamm, einer Engstelle, an der sich die Passer durch einen Felsen zwängt. Dabei verliert sie so viel Feuchtigkeit an die Luft, dass ein eigenes Mikroklima entsteht und die Parkanlagen beinahe einem Dschungel gleichen. Der Fluss lässt sich am Ende des Wegs queren und man kehrt entweder über die Sommerpromenade zurück in die Innenstadt oder wendet sich nach links, um auf den Lazagsteig zu wechseln. Den kennen fast nur Einheimische, die ihn benutzen, um nach Obermais zu gelangen. Ein weiterer Tipp ist die genüssliche Auffahrt über das Hotel Panorama nach Dorf Tirol mit dem nostalgischen Panoramasessellift, dessen Talstation in der Galileistraße in Meran liegt. Wenn man einmal im Sessellift sitzt, wird klar: Das ist die beste Entschleunigung, die es gibt!

Dolce Vita in Meran

Die Grundregel lautet: flanieren und kulinarisch das Beste genießen. Daher ist der Besuch des Meraner Wochenmarkts jeden Freitag auf dem Kornplatz, an dem regionale Erzeuger ihre Produkte anbieten, ein Muss. Man kann aber auch den Markt »Pur Südtirol« im alten Kurhaus besuchen. Er ist einer von mittlerweile fünf Geschäften im Land, die ausschließlich lokale Produkte wie Schüttelbrot, Schinken, Bier, Marmelade, Brot, Gemüse, Saft, Wein und Käse anbieten. Auch ein Bistro ist angeschlossen, um sich gleich mit den kulinarischen Highlights verwöhnen zu lassen. Das beste Brot der Stadt bekommt man übrigens in der Bäckerei Forno im Rennweg 141A – wenn man es schafft, eines zu ergattern. Deshalb besser vorbestellen unter: forno.me! Der junge Bäcker öffnet nur an drei Tagen in der Woche sein Geschäft, denn die restlichen Tage braucht sein Brotteig Zeit, um zu der Qualität heranzureifen, für die das Brot weit über die Meraner Stadtgrenzen hinaus bekannt ist. Als letzten Tipp wollen wir auf die Passer Terrassen aufmerksam machen. Gegenüber der Therme kann man sich hier mit seinen kulinarischen Errungenschaften direkt am Wasser niederlassen und ein Picknick genießen. Das Rauschen des Wassers tilgt alle Stadtgeräusche und wieder einmal stellt man fest: Meran ist herrlich!

INFO

FRAUENPOWER
Das Frauenmuseum in Meran befindet sich im ehemaligen Klarissenkloster und hat sich auf die Kultur- und Alltagsgeschichte aus weiblicher Sicht spezialisiert. Die ständige Ausstellung zeigt die wechselvolle Geschichte der Frauenrolle und Frauenideale vom 19. Jahrhundert bis heute. Alltagsobjekte wie Kleidung, Accessoires, Bücher und Dokumente erhalten dabei eine ganz neue Bedeutung. Es ist ein Museum von Frauen für Frauen. Im Museum sind auch Sonderausstellungen zu sehen, die nicht nur für weibliche Besucher äußerst interessant sind (Info: museia.it)

WEITERE INFORMATIONEN
Touristinfo: merano-suedtirol.it
Landesfürstliche Burg:
geöffnet ab Ostern bis zum 6. Januar, von Dienstag bis Samstag 10.30–17 Uhr, an Sonn- und Feiertagen 10.30–13 Uhr, montags geschlossen (Info: gemeinde.meran.bz.it)

Die Therme Meran – Oase der Entspannung mitten in der Stadt

22

SPRONSER SEEN – WUNDERSCHÖN UND EISIG KALT

JUWEL IN DER TEXELGRUPPE

Die Spronser Seenplatte liegt mitten im Naturpark Texelgruppe. Der Meraner Höhenweg umrundet zwar die gewaltige Texelgruppe, berührt dieses landschaftliche Kleinod jedoch nicht. Auch wenn die Wanderung zu den Spronser Seen ein wenig weiter ist, möchten wir sie Ihnen ans Herz legen: Der Weg lohnt sich!

Die Spronser Seenplatte besteht aus zehn Seen, die zu den schönsten Bergseen in den Alpen gehören. Sie haben verschiedene Ausmaße und Farbschattierungen in Blau und Grün. Es gibt zwei Hauptzugangswege: von Osten über die Oberkaseralm und von Süden über die Hochgangscharte. Alle Wege sind weit, aber die Oberkaseralm und das Hochganghaus bieten sich für eine Übernachtung an. Besonders schön ist die Rundtour von der Seilbahn Hochmuth aus über Hochganghaus und Hochgangscharte und auf dem Rückweg über Oberkaseralm und Gasthof Hochmuth. Diese Tour beschreiben wir hier.

Aufstieg über die Hochgangscharte

Diese großartige Rundwanderung startet an der Bergstation Hochmuth in Dorf Tirol. Zuerst gehen wir steil bergauf zu einer Aussichtsplattform mit fantastischem Ausblick auf das Meraner Becken und die umliegenden Berggipfel. Bei gutem Wetter kann man sogar bis zu den weit entfernten Dolomiten sehen. Hier beginnt auch der berühmte Meraner Höhenweg, auf den ein Schild hinweist.

Wir passieren das Gasthaus Steinegg und folgen dem Hans-Frieden-Felsenweg. Auf diesem gehen wir sehr aussichtsreich durch die steilen Felshänge. Besonders ausgesetzte Stellen sind gut mit Drahtseilen gesichert. Der Ausblick auf die Umgebung ist immer wieder überraschend. Bald führt der Weg hinunter zu einer Schlucht, die wir überqueren. Von hier wandern wir hinauf zur Leiteralm, die eine erste Einkehrmöglichkeit bietet. Nach einer kurzen Pause geht es weiter in Richtung Hochganghaus. Unser Weg beginnt hinter der Alm und führt dann rechts in den Wald, wo es steil bergauf bis zu einer Wegteilung geht. Wir nehmen die linke Abzweigung und wandern Richtung Hochganghaus. Nun geht es um eine Geländekante herum und bald danach leicht abwärts. Der Steig bringt uns zu einer tief eingeschnittenen Schlucht, die wir auf einer Hängebrücke überwinden. Nach dieser eindrucksvollen Passage folgen wir dem Weg weiter, der uns bis zum Hochganghaus auf 1839 Metern bringt. Die Hütte ist ideal für eine Pause und bietet sich auch für eine Übernachtung an.

Ab dem Hochganghaus wird es richtig steil. Wir folgen dem Weg Nr. 7 in Richtung Hochgangscharte. Der Steig bringt uns durch ansteigendes Wiesengelände aufwärts bis in die Felsregion. In zahlreichen Kehren steigen wir auf einem mit Drahtseil gesicherten Steig empor. Wirklich schwierig ist das Gelände zwar an keiner Stelle, ein gewisses Maß an Trittsicherheit und Bergerfahrung ist jedoch notwendig.

→ Von der Texelgruppe aus reicht der Blick sogar bis zur Hirzergruppe in den Dolomiten.

Nach diesem gesicherten Stück gelangt man zu einer exponiert stehenden Ruhebank. Von hier aus ist es nicht mehr weit bis in die Hochgangscharte. Es folgt noch ein letzter gesicherter Abschnitt, dann erreicht man bald die Scharte mit schönem Blick zum Langsee.

Weiter zur Oberkaseralm

Von hier geht es weiter auf dem Weg Nr. 7 nach links. Er führt im Bogen um den Langsee herum zu einer Wegteilung. Hier ignorieren wir den Abzweig zum Milchsee und biegen nach rechts ab. Wir gelangen nun zum Langsee und wandern an dessen Ufer entlang zum kleinen Grünsee. Vom See aus gehen wir weiter in Richtung Oberkaseralm. Gleich zu Beginn passiert man auf diesem Abschnitt einen Wasserfall und kann den wunderbaren Ausblick über das Spronser Tal genießen. Schließlich gelangt man zu den Ruinen der alten Meraner Hütte. Nun folgt noch ein steiler Abstieg zur gemütlichen Oberkaseralm, in der man gemütlich einkehren kann. Die Erfrischung auf der Alm wird nach der langen Tour sehr willkommen sein.

Rückweg zur Bergstation

Nach der Einkehr folgen wir ein kurzes Stück dem Wanderweg in südlicher Richtung bis zu einer Wegteilung. Hier nehmen wir den rechten Weg (Nr. 22), der an Kaser Lacke und Pfitscher Lacke vorbei zum Pfitscher Schartl führt. Von hier geht es auf dem Jägersteig weiter in Richtung Gasthof Mutkopf und Seilbahn Hochmuth. Nach einem kurzen Gegenanstieg zweigt rechts der Gipfelabstieg zur Mutspitz (2294 m) ab. Wir gehen jedoch geradeaus in Richtung Mutkopf (1990 m) und gelangen zum Gasthof Mutkopf. Auch hier bietet sich eine Einkehr an. Vom Gasthof aus führt der Weg uns dann in ein Waldstück, das wir erst kurz vor dem Gasthaus Steinegg verlassen. Nun geht es talwärts, bis man die Bergstation der Hochmuthbahn erreicht.

Kürzere Variante von der Leiteralm aus

Wem die Rundwanderung zu lang ist, kann die Tour deutlich verkürzen, und dennoch die Spronser Seenplatte besuchen. Die kürzere Tour ist allerdings nicht ganz so eindrucksvoll wie die oben beschriebene Rundwanderung. Los geht es in Vellau, wo man mit dem Korblift zur Leiteralm fährt. Von hier wandern wir wie oben beschrieben zum Hochganghaus und von dort weiter zur Hochgangscharte. Anschließend geht es zur Spronser Seenplatte und von dort aus weiter zur Einkehr an der Oberkaseralm. Nach der Pause verläuft der Steig ein Stückchen in Richtung Seilbahn Hochmuth, führt dann aber in Richtung Taufenscharte. Von hier steigt man nach Süden zur Leiteralm ab, wo sich noch einmal eine Möglichkeit für eine Pause anbietet, bevor man wieder mit dem Korblift nach Vellau hinunterschwebt. Auch auf dieser Tour kann man auf dem Hochganghaus oder in der Oberkaseralm übernachten.

↗ Blick zur Oberkaseralm inmitten der Texelgruppe
↖ Die Oberkaseralm ist ein beliebtes Ziel auf dem Weg zu den Spronser Seen.
← Hochganghaus (1839 m) am Meraner Höhenweg

INFO

WANDERN RUND UM DORF TIROL
Dorf Tirol bietet sich für einen längeren Wanderurlaub geradezu an. Neben der großartigen Rundtour zur Spronser Seenplatte gibt es zahlreiche weitere Wanderoptionen. Eine Möglichkeit ist der Aufstieg von der Bergstation der Seilbahn Hochmuth hinauf auf die Mutspitze (2291 m). Die erste Etappe führt dabei zum Gasthof Mutkopf. Von hier steigt man weiter aufwärts über den Ostgrat bis auf den Gipfel der Mutspitze, der eine wundervolle Aussicht auf das Meraner Becken bietet. Der Abstieg erfolgt auf dem Anstiegsweg. Weitere lohnende Ziele in der näheren Umgebung von Dorf Tirol sind der einsame und beschauliche Kuenser Waalweg nach Riffian, der schöne Algunder Waalweg bis zum Dorf Algund, der an Schloss Tirol vorbeiführt, sowie der bekannte und daher auch viel besuchte Tappeinerweg.
Der idyllisch gelegene Kuenser Waal beginnt im Spronser Tal und führt entlang des Wasserlaufs Richtung Riffian. Am Weg in das Spronser Tal kann man noch einen schönen Wasserfall besuchen. Der Weg entlang des Algunder Waals verläuft geruhsam durch die weitläufigen Obstplantagen zwischen Algund und Dorf Tirol. Der Tappeinerweg, ein beliebter Promenadenweg, führt mit vielen schönen Aussichtspunkten und gesäumt von üppiger mediterraner Vegetation bis nach Meran hinein. Mit dem Bus gelangt man von dort wieder zurück nach Dorf Tirol.

Der Gasthof Mutkopf – Etappe auf dem Weg zur Mutspitze (2291 m)

WEITERE INFORMATIONEN
Touristinfo: merano-suedtirol.it/de/dorf-tirol.html
Ausgangspunkt:
Bergstation Hochmuth
GPS: 46.702438, 11.131747
17 Kilometer, 7 Stunden, 1130 Höhenmeter

23

VIGILJOCH – BERGKULISSE FÜR GENIESSER

WANDERPARADIES ÜBER MERAN

Das Vigiljoch ist ein autofreies Naturschutzgebiet hoch über Meran. Mit seinen Nadelwäldern, Almwiesen, vielen Einkehrmöglichkeiten und einem kleinen See ist dieses Naturidyll ein wunderbares Erholungsgebiet. Bei unserer Rundwanderung bringt uns eine Seilbahn gleich bis unter das Gipfelplateau.

Auf dem Vigiljoch befindet sich ein schlichtes Kirchlein. Es wurde vor mehreren Hundert Jahren auf einem uralten Kultplatz aus vorchristlicher Zeit erbaut. Heute gilt das kleine Gotteshaus als Wetterkirche, die die Menschen vor Unwettern beschützen soll. Noch heute wird alljährlich auf dem Vigiljoch der traditionelle Kirchtag mit einer Bergmesse gefeiert. In der Nähe der Kirche gibt es einige Bänke, auf denen man wunderbar rasten und die Aussicht von diesem besonderen Ort aus genießen kann. Lässt man den Blick über das Bergpanorama schweifen, dann sticht besonders die Naturnser Hochwart (2608 m) ins Auge, zu der man auch hinüberwandern kann. Zuerst aber wollen wir auf das Vigiljoch hinauf.

Vom Vigiljoch über die Schwarze Lacke

Unsere Rundwanderung beginnt in Lana. Mit der Seilbahn fahren wir hinauf zur Bergstation am Vigiljoch. Vorbei am Hotel Mountain Resort Vigilius geht es dann den Wanderweg Nr. 34 bergauf bis zu einer Wegteilung. Hier zweigt der Weg Nr. 13 nach links ab, dem wir auf einer angenehm kühlen und ruhigen Strecke durch den Wald folgen. Einen Abzweig nach rechts ignorieren wir und gehen stattdessen geradeaus weiter. Der Weg bringt uns zu einer Schotterstraße, der wir bis kurz unter die Bärenbadalm folgen. Hier können wir die Straße ein Stück abkürzen, bis wir direkt vor der Almhütte stehen, die eine erste Einkehrmöglichkeit bietet. Von der Alm folgen wir dann dem breiten Weg Nr. 2 hinauf zum Vigiljoch. Wir sind nun ganz nah am Kirchlein am Joch, setzen uns auf eine der Bänke, genießen unsere Brotzeit und die Aussicht. Nach der Pause geht es in nördlicher Richtung über einfaches Wandergelände weiter. Der Weg führt an ein paar alten Hütten vorbei bis zum Gasthaus Seespitz an der Schwarzen Lacke. Auf der Terrasse können wir uns gemütlich hinsetzen und einkehren.

Die Schwarze Lacke ist ein Naturbiotop und geschützter Lebensraum von Fischen, Amphibien und vielen weiteren Tierarten. Von der Lacke aus tauchen wir in den Wald ein und folgen dem Weg Nr. 7, der zu einer Lichtung mit einer Bank führt. Auf diesem Logenplatz hoch über Meran hat man einen wunderbaren Blick. Der nächste Streckenabschnitt ist ein echter Panoramaweg, der uns auf einer Art Plateau zu einer Wegeinmündung führt. Hier nehmen wir den nach links abzweigenden Weg Nr. 7 und folgen diesem bis unter den Sessellift, der im Sommer nicht in Betrieb ist. Unter dem Lift wandern wir auf einem breiten Weg hinunter bis zur Bergstation der Seilbahn.

INFO

NATURNSER HOCHWART

Die Naturnser Hochwart ist ein großartiger Berg westlich vom Vigiljoch. Er wird normalerweise vom Norden, von Naturns aus, bestiegen. Eine Schotterstraße führt bis unter die Nordflanke. Der Übergang vom Vigiljoch dagegen ist ein Panoramaweg. Hierfür gehen wir direkt zum Kirchlein am Vigiljoch. Unterhalb der Kirche biegen wir nach links ab und folgen dem Weg Nr. 9 in westlicher Richtung. Den Abzweig zur Naturnser Alm ignorieren wir und gehen weiter auf dem Weg durch die Südflanke des Naturnser Hochjochs. Der Steig bringt uns in die Nöderscharte und führt dann hoch zur Naturnser Hochwart. Hier genießen wir die Aussicht. Der Rückweg zur Bergstation des Sessellifts erfolgt auf dem Anstiegsweg. Insgesamt sind wir auf dieser grandiosen Tour etwa sieben Stunden unterwegs.

WEITERE INFORMATIONEN

Touristinfo: merano-suedtirol.it/de/region-lana.html
Ausgangspunkt: Lana, Bergstation Seilbahn Vigiljoch
GPS: 46.928451, 11.273351
10 Kilometer, 3 Stunden, 300 Höhenmeter

← Die Kirche St. Vigilius am Joch ist das Ziel unserer Wanderung.
↑ Eine von mehreren schönen Einkehrmöglichkeiten auf unserer Tour: Berggasthof Seespitze

24

SCHNATTERPECKALTAR IN LANA – GOTIK VOM FEINSTEN

MIT WEIN ZUR WELTKUNST

Aus Kastanienholz geschnitzt, mit Dukatengold veredelt, bestückt mit 64 großen und kleinen Skulpturen: Das allein sind die Fakten für den berühmten Schnatterpeckaltar. Kunst von Weltrang ist in Niederlana zu sehen, aber nur für diejenigen, die die unscheinbare und etwas versteckt liegende Kirche kennen und ansteuern.

Schlendert man in Niederlana durch die Erzherzog-Eugen-Straße, fällt eine Kirche mit hohem spitzem Turm auf, die aber ansonsten unspektakulär wirkt. Doch das täuscht. In ihrem Inneren steht ein gewaltiger gotischer Altar, der mit einer Höhe von 14 Metern zur Weltkunst zählt. Der Flügelaltar ist ein Werk des in Landsberg am Lech geborenen Künstlers Hans Schnatterpeck, der sich mit seiner Maler- und Schnitzerwerkstatt 1479 in Meran niedergelassen hat. Im Jahr 1503 schloss er einen Vertrag mit der Kirchengemeinde von Niederlana über die Anfertigung eines Hochaltars für die neu errichtete Kirche Mariä Himmelfahrt. Schnatterpeck erhielt dafür 1600 Gulden und obendrein für sich und seine Gesellen ausreichend Wein. Insgesamt sollen es ganze acht Fuder Wein gewesen sein. Es ist schwer, die Kosten für den Altar in die heutige Währung umzurechnen. Mit allem Vorbehalt, was aktuelle Handwerkerlöhne und Materialkosten angeht, waren es wohl 2 bis 3 Millionen Euro. Aber die Menge des Weins lässt sich ziemlich genau bemessen. Nach der Tiroler Landordnung vom Mai 1525 entsprach 1 Fuder Wein 8 Yhren, was exakt 622,5 Liter Wein pro Fuder ausmacht. Insgesamt sind für den Altar also an die 4980 Liter Wein geflossen!

Kunst von Weltrang

Im Inneren der Kirche zieht der gigantische Altar sofort den Blick auf sich. Der Mittelteil ist zweigeschossig aufgebaut: Im Zentrum unten ist die Dreieinigkeit Gottes – Gottvater, Christus und der Heilige Geist – dargestellt, flankiert von den Aposteln Petrus und Paulus. Darüber sieht man die Krönung Mariens durch Gottvater und Christus. Die Malereien auf den Altarflügeln erzählen die Kindheitsgeschichte Jesu, die Verkündigung an Maria, die Geburt Jesu und die Anbetung durch die Heiligen Drei Könige. Das Ganze ist so liebevoll und detailreich ausgearbeitet, dass Kunstliebhaber aus dem Staunen nicht herauskommen. Naiv, kindlich und vielleicht ein bisschen gierig greift das Jesuskind in die Schatztruhe der Heiligen Drei Könige. Eine bezaubernde menschliche Darstellung. Früher war der Altar nur an Sonn- und Festtagen geöffnet. Werktags waren die Flügel zugeklappt, sodass für alle die Szenen aus der Passionsgeschichte auf der anderen Flügelseite sichtbar waren. Es sind Bilder des Nürnberger Malers Hans Schäufelein. Interessant ist, dass diese Malereien schon Anklänge an die Renaissance zeigen, während der Altar selbst der Hochgotik zuzuschreiben ist. Für den Besuch ist ein Fernglas zu empfehlen, um die unglaubliche Feinheit der Schnitzerei mühelos betrachten zu können.

INFO

GAULSCHLUCHT

Lana gilt als das Dorf der Kirchen und Klöster, denn in der Gemeinde stehen mehr als 40 Kirchen und Kapellen sowie mehrere Klöster und Konvente aus vielen Jahrhunderten. Aber Lana hat noch mehr zu bieten. Mitten im Ort startet man zu einer kurzen Wanderung in die spannende Gaulschlucht. Auf seinen letzten Metern hinaus in die Ebene zwängt sich der Falschauer Bach, der aus dem Ultental kommt, bei Lana in ein enges Felsbett. Ein Wanderweg führt am Wasser entlang. Umgeben von dichter Vegetation benötigt man für die Strecke etwa 40 Minuten. Zurück geht es auf gleichem Weg. Startpunkt für die Wanderung ist die Teissbrücke in Lana. Die Schlucht ist frei zugänglich. Nach der kleinen Wanderung ist bestimmt noch Zeit für eine Einkehr, beispielsweise im Café und Bistro Thaler 1333.

WEITERE INFORMATIONEN

Touristinfo: lana.suedtirol.com, merano-suedtirol.it
Schnatterpeckaltar: Maria Himmelfahrt, Niederlana. Der Altar ist nur im Rahmen einer Führung zu besichtigen. Diese finden täglich außer Sonntag um 11 und 15 Uhr statt. Samstags und in den Monaten Juli und August nur um 11 Uhr. In der Fastenzeit sind die Flügel des Altars geschlossen.

↖ Um all die fein gearbeiteten Details des Altars zu erkennen, braucht man fast ein Fernglas.
↑ Hängebrücken und Stege führen in die Gaulschlucht bei Lana.

Blick in das Tal von Meran mit der kleinen Kirche St. Valentin in den Weinbergen bei Mais.

25

KNOTTNKINO BEI VÖRAN – SUNSET AUF DEM ROTSTEIN

AUSSICHTSPANORAMA

Auf einem Aussichtspunkt oberhalb von Vöran installierte der Künstler Franz Messer (1952–2017) zur Jahrtausendwende dreißig Kinosessel aus Stahl und Kastanienholz. Hier kann man sich nach einer Wanderung gemütlich niederlassen und das panoramahafte Naturkino auf sich wirken lassen. An diesem fantastischen Ort herrscht besonders bei Sonnenuntergang eine besondere Stimmung.

Der Südtiroler Tschögglberg wurde vor Millionen von Jahren aus Lava und Asche geformt. Hier entstanden die markanten weinroten Kuppen, die einmalig sind in Südtirol. Die drei Kuppen Rotstein, Beimstein und Timpfler Knott kann man auf einer schönen Rundwanderung von Vöran aus erkunden.

Eine weitere Besonderheit ist das Knottnkino (»Knottn« heißt so viel wie Felsen), das sich auf der Kuppe des Rotsteins oberhalb von Vöran befindet. Es wurde im Jahr 2000 vom Südtiroler Künstler Franz Messner geschaffen. Der Ausblick ist gigantisch. Man überblickt das gesamte Etschtal vom Penegal bis zu den eindrucksvollen Gipfeln der Texelgruppe. Bei klarer Sicht sind sogar die Felszinnen der Dolomiten zu sehen. Auf dem sonnigen und aussichtsreichen Platz kann man stundenlang sitzen und die Veränderungen des Tages beobachten. Ganz besonders stimmungsvoll ist es, wenn die Sonne untergeht und hinter den Bergspitzen verschwindet. Dann entwickelt sich das Knottnkino fast zu einem mystischen Ort.

Der kürzeste Weg zum Knottnkino

Der schnellste Weg zum Naturkino auf dem Rotstein führt vom Gasthaus Alpenrose hinauf. Vom Parkplatz folgt man kurz der Straße und biegt dann nach rechts auf den Weg Nr. 11 ab. Dieser bringt uns hinauf in den Wald und zum Sattel bei einem Bauernhof, wo der Steig zum Knottnkino nach rechts abzweigt. Durch den Wald geht es hinauf zum Kopf des Rotsteinkogels. Der Weg führt an einem Kreuz mit Bank und schönem Ausblick vorbei. Zu den Kinostühlen des Knottnkinos ist es jetzt nicht mehr weit. Für den Anstieg benötigt man ungefähr eine Stunde.

Die Wanderung zum Knottnkino kann man noch etwas ausdehnen und die Leadner Alm besuchen, um dort einzukehren. Wir bleiben dazu auf dem Weg Nr. 11, von dem der Steig zum Knottnkino nach rechts abgeht, und folgen diesem bis zur Brugger Lacke, einem Naturbiotop. Von hier aus führt der Weg zur Leadner Alm. Mit Südtiroler Gerichten und der wunderschönen Aussicht, die man hier oben auf der sonnigen Terrasse genießen kann, könnte man es stundenlang aushalten ... genauso wie am Knottnkino.

INFO

NEUE RUNDWANDERUNG »KNOTTNKINO«
Auf einem neu erschlossenen Rundwanderweg kann man nun alle drei Felskuppen aus rötlichem Vulkangestein von Vöran aus erwandern. Von der Ortsmitte aus geht es zuerst hinauf zum Knottnkino auf dem Rotsteinkogel. Von hier wandern wir weiter über den Schützenbrünnlweg bis zum Beimstein. Auch hier wurden inzwischen Kinostühle installiert, die zu einer Pause mit Aussicht einladen, denn der Panoramablick auf die umliegenden Berge ist tatsächlich großartig. Vom Beimstein aus bringt uns der neue Wanderweg schließlich zum Timpfler, dem dritten Aussichtspunkt auf unserer Runde. Auch hier kann man noch einmal eine Pause mit Aussicht einlegen. Gemütlich geht es dann zurück zum Ausgangspunkt. Für die gesamte Rundwanderung benötigt man etwa vier Stunden.

WEITERE INFORMATIONEN
Touristinfo: merano-suedtirol.it/de/hafling-voeran-meran-2000.html
Ausgangspunkt: Gasthof Alpenrose
GPS: 46.625717, 11.210811
1,6 Kilometer, 45 Minuten, 150 Höhenmeter

← Am Knottnkino kann man vom Kinosessel aus das Naturspektakel auf sich wirken lassen.
↑ Vom Rotsteinkogel kann man an klaren Tagen sogar die Dolomiten sehen.

26

ULTENER URLÄRCHEN – EUROPAS ÄLTESTE NADELBÄUME

NATURWUNDER UND ALTE BAUERNHÖFE

Das Ultental ist ein ruhiges Seitental von Meran. Hier befinden sich die Ultner Urlärchen. Diese alten Baumriesen sind eindrucksvolle Naturwunder. Wir besuchen sie auf dem Ultner Höfeweg, der durch das Tal führt. Dabei kommen wir an einigen urigen Bauernhöfen und einem kleinen idyllischen Wasserfall vorbei.

Zu Beginn der Wanderung lohnt der Besuch des Nationalparkhauses Lahnersäge im Bergdorf St. Gertraud im Ultental. Hier beginnt unsere Tour. Das Haus beherbergt eine Dauerausstellung mit dem Thema »Wald als Wurzelwerk des Lebens«. Im Museum befindet sich auch eine jahrhundertalte Venezianersäge. Der Werdegang des Holzes bis zum fertigen Brett wird beim Schauschneiden auf der historischen Säge vorgeführt.

Auf dem Höfeweg zu den Urlärchen

Wir folgen dem asphaltierten Sträßchen auf der Südseite des Bachs. An einer Straßenteilung gehen wir nach rechts und folgen der Straße bis zu den Urlärchen. Die größte der drei Urlärchen ist über 36 Meter hoch und hat einen Umfang von stattlichen 7 Metern. Leider ist ihr Wipfel durch einen Blitzschlag verdorrt. Es ist unklar, wie alt die Bäume tatsächlich sind. Man vermutet aufgrund verschiedener Berechnungsverfahren, dass sie ein Alter von 850 Jahren haben und damit zu den ältesten Nadelbäumen in Europa gehören. Die alten Bäume stehen heute unter Naturschutz und zählen zum Weltnaturerbe. Sie sind auch Lebensraumvon Fledermäusen und Mardern.

Direkt hinter den Urlärchen beginnt ein Steig, auf dem der Ultener Höfeweg weiterführt. Über die Wiese wandern wir in nördlicher Richtung und erreichen eine Straße, auf der wir kurz ein Stück nach rechts gehen. Wenig später biegen wir nach links ab und folgen einer Schotterstraße. Wir gelangen zu einer T-Kreuzung, an der wir nach rechts gehen. Vorbei an ein paar Höfen erreichen wir den Wasserfall Hartungen. Wenig später treffen wir auf tibetische Gebetsfahnen und Buddhafiguren. Etwas, was wir hier in einem Südtiroler Bergtal kaum erwartet haben. Eine Bank lädt zur Pause und vielleicht zu einer kleinen Meditation ein. An einer Linkskurve der Schotterstraße gehen wir geradeaus weiter. Der Steig führt durch den Wald Richtung St. Nikolaus. Nach einem längeren Waldstück erreichen wir an einer Kurve einen Schotterweg. Auf diesem gehen wir nach links und folgen der Markierung bis nach St. Nikolaus. Im Ort sieht man schon von Weitem die Kirche. Der Bau stammt aus dem 14. Jahrhundert und besitzt einen schönen Flügelaltar aus dem 19. Jahrhundert im neugotischen Stil.

Idealerweise würde sich nun der Rückweg auf dem nördlichen Höfeweg anbieten. Durch einen heftigen Sturm sind allerdings einige Wegabschnitte gesperrt, sodass wir nur mit dem Bus nach St. Gertrud zurückfahren können.

INFO

DAS HÄUSL AM STEIN

In St. Pankraz im Ultental thront auf einem Felsblock ein Häuschen. Es sieht aus wie ein Adlerhorst. Früher standen unterhalb von St. Pankraz einige Bauernhäuser, doch 1882 führte ein Unwetter dazu, dass alle Gebäude vom Wasser mitgerissen wurden. Allein das Haus am Stein blieb nach der Katastrophe stehen. Es wurde nämlich auf einem Fels errichtet, was den Erbauern erst nach dem Unwetter bewusst wurde. Der Felsblock ist größer als das Haus und sorgte für ein stabiles Fundament. Das skurrile Häusl am Stein ist heute noch bewohnt, sodass sich eine kleine Wanderung dorthin lohnt. Eine Besichtigung ist leider nicht möglich. Zum Häusl wandert man am Ufer der Falschauer entlang, wo man gemütlich ein paar Stunden verbringen kann. Der Bach ist inzwischen durch den Zoggler Stausee gezähmt.

WEITERE INFORMATIONEN

Touristinfo: merano-suedtirol.it/de/ultental.html
Ausgangspunkt: St. Gertraud, Nationalparkhaus
GPS: 46.490361, 10.876871
5 Kilometer, 2 Stunden, 250 Höhenmeter Abstieg

↖ Beeindruckende Baumgiganten: Die Ultner Urlärchen sind viele Hundert Jahre alt.
↑ Eine Kuriosität ist das Häusl am Stein bei St. Pankraz, das auf einem Felsblock steht.

Kloster und Wallfahrtskirche Maria Weissenstein südöstlich von Bozen

BOZEN MIT UNTERLAND

Eine Bilderbuch-Landschaft mit einer reichen Kulturgeschichte, die es zu entdecken gilt

27

SCHÖNECK – DAS RÄTSEL UM DIE STOANERNEN MANDLN

MYSTISCHER ORT IN DEN SARNTALER ALPEN

Über hundert »Stoamandln« stehen am Gipfelplateau des Schönecks. Dieser Platz ist ein wahrer Kraftort mit einer grandiosen Aussicht auf die Umgebung. Zahlreiche Sagen ranken sich um das Schöneck. Hier sollen laut einem Gerichtsprotokoll aus dem späten Mittelalter zwischen den »Stoamandln« auch Hexentänze und geheime Teufelsfeiern stattgefunden haben.

Es ist unklar, wie und warum die vielen Steinmännchen auf das Schöneck gekommen sind. Hexen werden vermutlich nicht dafür verantwortlich gewesen sein. Funde von uralten Felsgravuren und Werkzeugen stützen die Theorie, dass bereits die Kelten diesen Ort als Kultstätte genutzt haben. Tatsächlich verspürt man an diesem Ort so etwas wie einen mystischen Zauber.

Kurzer Anstieg aus dem Sarntal

Ausgangspunkt für die Wanderung aus dem Sarntal auf das Schöneck ist die Sarner Skihütte. Vom Parkplatz an der Skihütte wandern wir auf dem Fahrweg (Markierung Nr. 2) in westlicher Richtung bis zu einem Bach. Hier biegen wir nach links ab und steigen auf dem steileren Weg hinauf zur Auener Alm. Nach einer kurzen Verschnaufpause gehen wir durch das Almtal weiter. Wir erreichen freies Gelände und wandern hinauf zum Auener Joch. An der aufgestellten Bank können wir eine kleine Rast einlegen. Danach biegen wir hier nach links ab und folgen dem Wanderweg Nr. 23 hinauf zum Gipfel des Schönecks mit den Stoanernen Mandln. Neben den vielen »Steinskulpturen« steht auch ein riesiges Gipfelkreuz auf dem Plateau.

Längerer Anstieg von Süden

Von Vöran, vom Süden aus, gibt es einen längeren Anstieg auf den Gipfel. Von der Ortsmitte geht es zuerst zum Gasthaus Grüner Baum. Dann folgen wir der Markierung Nr. 16. bis zur Brugger Lacke, einem kleinen Naturbiotop. In der Nähe befindet sich auch die Leadner Alm, in der wir eine kleine Pause einlegen können. Nach der Alm folgen wir dem Weg Nr. 11, der durch den kühlen Wald gemütlich aufwärtsführt. An einer Wegkreuzung müssen wir nach rechts abbiegen und weiter der Markierung Nr. 11 bis zum Auener Joch folgen. Wie oben beschrieben geht es von hier hinauf zum Gipfel mit den »Stoamandln«. Nach einer Gipfelpause führt der Weg ziemlich steil Richtung Süden hinunter. Unser erstes Ziel ist der Möltner Kaser, in dem wir uns eine Einkehr gönnen, die wir uns nach der langen Wanderung verdient haben. Nach der Pause folgen wir kurz dem Forstweg, biegen aber bald auf den Weg mit der Markierung Nr. 15 ab. Der Steig bringt uns bergab zu einem Bach, den wir überqueren. Auf der anderen Talseite folgen wir einem Forstweg, der uns bis kurz vor den Anstiegsweg bringt. Vorher geht der Weg jedoch nach links ab. Wir folgen dem Steig bis zum Gasthof Waldbichl. Die Markierung bringt uns zum Anstiegsweg zurück, dem wir nach Vöran folgen.

INFO

LÄRCHENPLATEAU AM SALTEN

Östlich von Vöran befindet sich Mölten und in der Nähe der Parkplatz Schermoos. Südlich von diesem breitet sich der Salten aus, ein Hochplateau, das für seine Lärchenwiesen (siehe Tour 28) bekannt ist. Die Lärchenwiesen wurden schon immer intensiv als Brennholzquelle, Weide- und Mähwiese genutzt. Auch heute weiden noch Kühe und Haflinger-Pferde auf den Wiesen. Das Hochplateau ist Teil des Tschögglbergs, eines bedeutenden Höhenzugs, der durch Vulkanaktivität entstanden ist. Wer möchte, kann hier am Salten zwischen den Bäumen eine gemütliche Rundwanderung über die Wiesen unternehmen. Dort liegt auch das Gasthaus Langfenn und in der Nähe das Kirchlein St. Jakob. Der schlichte Bau steht auf einem der höchsten Punkte des Salten auf 1525 Metern.

WEITERE INFORMATIONEN

Touristinfo: sarntal.com
Ausgangspunkt: Sarntheim, Sarner Skihütte
GPS: 46.651200, 11.320595
7 Kilometer, 3 Stunden, 400 Höhenmeter

↖ Warum es auf dem Gipfelplateau des Schönecks so viele »Stoamandln« gibt, bleibt ein Geheimnis.
↑ Haflinger weiden am Lärchenplateau des Salten.

28

SALTEN – GEHEIMTIPP DER BEQUEMEN WEGE

SAGEN AUF DEN LÄRCHENWIESEN

Zwischen Mölten und Jenesien erhebt sich hoch über dem Etschtal der Tschöggelberg, auch Salten genannt. Sein höchster Gipfel ist der Langfenn, mit einem alten Kirchlein und einem Wirtshaus. Aber der lang gezogene Höhenrücken ist vor allem für seine weiten Lärchenwiesen und für sein grandioses Panorama bekannt.

Der Sage nach stand einst auf dem Langfenn eine große Stadt, von der zumindest das Gasthaus und die kleine Kirche übrig geblieben sind. Einwohner und Häuser sollen urplötzlich in der Erde versunken sein, denn die Menschen auf dem Langfenn führten ein lasterhaftes Leben. Über diese Stadt weiß man nichts Historisches. Gesichert ist nur die erste Erwähnung der romanischen Kirche St. Jakob im Jahr 1300. Sie ist dem Patron der Wanderer und Pilger geweiht und zählt zu den ältesten Gotteshäusern Südtirols. Gleich neben der Kirche steht ein Gasthaus. Hierher gelangt man bei einem Spaziergang von Schermoos aus. Wer jedoch Einsamkeit sucht und den Zauber der Lärchenwiesen erleben möchte, sollte etwas weiterwandern. Egal, für was man sich entscheidet: Startpunkt ist der Wanderparkplatz Schermoos östlich von Mölten an der Staatsstraße SP 99 Richtung Jenesien. Von dort aus sind Kirche und Gasthaus schnell erreicht.

Berühmte Lärchenwiesen und der Salten

Vom Gasthaus aus geht es auf dem Almsträßchen in südlicher Richtung weiter. Links und rechts des Wegs breiten sich die Almwiesen mit den Lärchenbeständen aus. Im Frühling verwandeln sich diese Wiesen in ein Meer aus weiß-lilafarbenen Krokusblüten. Aber die mit Abstand schönste Jahreszeit, um den Salten zu besuchen, ist der späte Herbst. Dann glühen die Lärchen förmlich in allen erdenklichen Orangetönen und ragen wie brennende Fackeln in den blauen Himmel. Dazwischen öffnet sich immer wieder der Ausblick auf die Südtiroler Berge, der bis zu den schneebedeckten Gipfeln der Dolomiten reicht. Die Beschilderung führt uns zunächst Richtung Jenesien/Gasthaus Edelweiß. Dabei wandert man auf einem Erlebnisweg, auf dem die Sagen der Umgebung szenisch dargestellt werden. Kurz bevor wir das Gasthaus Edelweiß erreichen, senkt sich der Weg ab und man wechselt rechts in den Langfenn-Rundweg ein, der mit »Zum Gschnoferstall/7« beschildert ist. Auf einem sonnigen Weg geht es leicht abwärts, dann an einer Weggabelung geradeaus. Man passiert den Vordernobls-Hof, kurz danach zweigt in einer Linkskurve ein Weg rechts ab. Gleich danach geht es links über einen Wiesenpfad zur Alm Gschnoferstall, wo wir uns mit einem Gericht der Südtiroler Küche belohnen. So gestärkt machen wir uns auf den Rückweg. Wir folgen der Straße von der Alm aus nach Norden. Am Waldrand teilt sich die Straße und wir steigen auf dem Weg Nr. 6 zum Langfenn auf dem Salten auf. Von dort geht es auf dem Anstiegsweg zurück zu unserem Ausgangspunkt.

INFO

JENESIEN UND ERDPYRAMIDEN

Das Dorf Jenesien liegt auf der Südostseite des Salten und eignet sich als Basislager für Wanderungen in der Umgebung. Bis vor wenigen Jahren war das Dorf mit der Seilbahn an Bozen angeschlossen. Heute muss man die kurvige Straße für die Auf- und Abfahrt benutzen. Das erschwert die Zufahrt. Aber dadurch ist es merklich ruhiger oben auf dem Berg geworden, was Besucher eher als Vorteil empfinden. Beim Spaziergang auf dem Martinsweg ist man auf der drei Kilometer langen Strecke meist für sich allein. Auch der Abstecher zum 400 Jahre alten Bergahorn am Gasthaus Tomanegger lohnt sich. Überdies gibt es bei Jenesien Erdpyramiden (siehe Tour 30 und 46). In der Wieser Lahn hebt sich die rote Erde der Erdpyramiden vom Grün der Wälder deutlich ab, vielleicht nicht so spektakulär wie an manch anderen Stellen, aber doch großflächig und dramatisch.

WEITERE INFORMATIONEN

Touristinfo: jenesien.net
Mit gut 12 Kilometern und 300 Höhenmetern ist die Wanderung über den Salten zwar länger, aber nicht schwierig und fast das ganze Jahr über zu begehen. Viele Wege sind auch für das Mountainbike geeignet.

← Je nach Jahreszeit wechseln die Lärchenwiesen ihre Farbe. Im Frühjahr, wenn der Löwenzahn blüht, leuchten die Wiesen in sattem Gelb.
↑ St. Jakob auf dem Plateau des Langfenn zählt zu den ältesten Kirchenbauten in Südtirol.

29

BURGRUINE NEUHAUS – LIEBLINGSPLATZ DER HERZOGIN

MARGARETE MAULTASCHS BURG

Herzogin Margarete Maultasch (1318–1369) gilt als eine der schillerndsten Persönlichkeiten der Tiroler Geschichte. Die Herzogin war für ihre Zeit eine unglaublich couragierte und emanzipierte Frau, die ihre geliebte Heimat Tirol selbstbestimmt und im Rahmen ihrer Möglichkeiten regierte.

Margarete war die einzige Tochter des Grafen von Tirol, dem auch die Grafschaft von Görz und der Herzogsstuhl von Kärnten gehörten. Da sie erbberechtigt war, wurde sie 1330 mit Johann Heinrich von Böhmen vermählt. Dieser war damals erst acht Jahre alt. Das spielte für die an Dynastien denkenden Eltern aber keine Rolle. Doch das Schicksal wollte es anders. Die beiden Eheleute mochten sich einfach nicht – und das blieb auch so, als sie erwachsen wurden. Überdies spielte sich der Böhme als Herrscher Tirols auf, was bei der einheimischen Bevölkerung überhaupt nicht gut ankam. Kurz und gut: 1341 ging die Geschichte mit einem Skandal zu Ende, über den damals ganz Europa sprach. Herzogin Margarete verschloss ausgerechnet am Allerseelentag 1341 ihrem Mann die Tore zur heimatlichen Burg Tirol. Von der Burgmauer aus erklärte sie ihm lautstark, er sei nicht nur unfähig, die Ehe mit ihr zu vollziehen, sondern auch nicht in der Lage, sein Land zu regieren. Daher möge er gefälligst nach Hause zurückkehren. Eine größere Kränkung war kaum denkbar. Margarete heiratete kurz darauf den Wittelsbacher Markgrafen Ludwig den Brandenburger. Diese Ehe schien glücklich zu verlaufen. Margarete bekam einen Sohn, der allerdings sechs Jahre vor ihrem Tod starb. Margarete setzte darauf testamentarisch die Habsburger als Erben ein. Daher gehörte Tirol und damit auch Südtirol zumindest bis 1919 zum Haus Österreich.

Gründe für üble Nachrede gibt es immer

Bei der Aufteilung von Margaretes Erbe hatten damit sowohl die Wittelsbacher als auch die Luxemburger verloren. Es ist daher nicht verwunderlich, dass die Verlierer über die Herzogin herzogen, sie verspotteten und kein einziges gutes Haar an ihr ließen. So soll sie ein Ausbund an Hässlichkeit gewesen sein, und ihr schiefer, offener Mund wäre weit nach unten gehangen. Deswegen habe sie sogar ihr erster Gemahl Maultasch gerufen. Das Letztere stimmt sogar, doch der wahre Grund dafür könnte ein ganz anderer gewesen sein. Die Herzogin hielt sich lieber auf der Burg Neuhaus über Terlan auf, da Schloss Tirol nach einer Belagerung nicht mehr besonders wohnlich war. Unterhalb von Neuhaus gab es eine Zollstation, mit der die Straße von Bozen nach Meran kontrolliert wurde. Diese wurde ursprünglich »mala tasca«, »schlechte Tasche«, genannt. Daraus wurde in der Umgangssprache »Maultasch«. Der Name Maultasch ging auf die Burg über, und man kann sich sehr gut vorstellen, dass Margarete von Tirol wegen ihrer Vorliebe für diese Burg irgendwann auch selbst den Beinamen »Maultasch« erhielt.

INFO

SPAZIERGANG ZUR RUINE NEUHAUS

Wir starten an der Kirche von Terlan und wandern auf der Kirchgasse Richtung Norden. Dann biegen wir rechts in den Margarethenweg ein und folgen der gelben Wanderbeschilderung geradeaus über die Straße, die nach Mölten hinaufführt. Rechts sind wir gleich darauf auf der Margarethenpromenade, die bald steiler ansteigt und uns zur Ruine Maultasch führt. Durch das östliche Burgtor gelangt man in die Vorburg, die Kernburg wird vom mächtigen Bergfried dominiert. Grandios ist die Aussicht von der Ruine über das Etschtal auf die Hochebene von Kaltern. Nach der Besichtigung wandern wir zunächst auf dem Anstiegsweg zurück und nehmen dann die Abzweigung nach links. Nun geht es steil bergab und schon sind wir wieder im Tal. Jetzt müssen wir nur noch der Dorfstraße nach rechts folgen und sind zurück in der Terlaner Ortsmitte. Wer noch Zeit hat, sollte unbedingt online eine Besichtigung mit Weinverkostung in der Terlaner Kellerei buchen.

WEITERE INFORMATIONEN

Touristinfo: terlan.info
Die Burgruine ist ganzjährig frei zugänglich; liegt im Winter viel Schnee, ist der Weg zur Ruine nicht passierbar!
Terlaner Kellerei: cantina-terlano.com

↖ Die Mauern der Burgruine Neuhaus, die auch Burg Maultasch genannt wird
↑ Das Weindorf Terlan hat einige stolze Weingüter mit erstklassigen Weinen vorzuweisen.

Blick von der Ruine Haderburg auf Salurns und das Etschtal

30

RITTEN – SCHMALSPURBAHN UND ERDPYRAMIDEN

NOSTALGIE MIT LANGER TRADITION

Heute verkehrt die Rittner Schmalspurbahn nur noch auf dem Hochplateau des Ritten. Als sie 1907 feierlich eröffnet wurde, konnte man noch direkt von Bozens Stadtmitte aus herauffahren. Wunderbar lässt sich eine Fahrt mit dieser historischen Bahn über das schöne Hochplateau mit einer Wanderung von Oberbozen zu den Rittner Erdpyramiden verbinden.

Die Rittner Schmalspurbahn transportierte ab 1907 Passagiere vom Bozner Waltherplatz auf den Ritten. Es war damals die erste Möglichkeit für Stadtmenschen, bequem und schnell auf den Berg zu kommen, wollte man nicht dorthin wandern. Die steile Steigung überwand man mithilfe einer Zahnradbahn. Im Jahre 1966 wurde die Zahnradbahn dann durch eine Seilbahn ersetzt. Der Streckenabschnitt auf dem Plateau blieb jedoch erhalten, und so kann man heute noch auf sieben Kilometern zwischen Oberbozen, Klobenstein, Maria Himmelfahrt, Wolfsgruben und Lichtenstern mit der historischen Bahn fahren. Die Aussicht bis zu den Dolomiten ist dabei großartig.

Von Oberbozen zu den Erdpyramiden

Von der Bergstation der Seilbahn aus folgen wir der Markierung Nr. 23. Das Sträßchen bringt uns bergab in den Wald. Aus der Straße wird bald ein Weg, der weiter bergab führt. An einer Wegteilung gehen wir nach rechts und erreichen eine Wiese. Am Zaun leitet uns ein Wegweiser nach links in Richtung Erdpyramiden. Bald gelangen wir zu einem Aussichtspunkt direkt über den seltsamen Formationen in der Landschaft. Erdpyramiden bestehen aus aufgeschüttetem Lehm und einem darüberliegenden Felsbrocken. Bei Trockenheit ist der Boden steinhart, bei Regen aber verwandelt er sich in einen Lehmbrei, der regelrecht weggespült wird. Liegt jedoch ein Felsbrocken an einer Stelle, so ist dieser Bereich vor Feuchtigkeit geschützt und bleibt als Erdpyramide stehen. Wir gehen den Weg ein Stück zurück, bis wir auf den Hauptweg treffen. Auf diesem biegen wir links in ein Waldstück ein und kommen zu einer Straße, die an einem Hofschank vorbeiführt. Wir folgen der linken Straße bergab, bis uns ein Schild weitere Erdpyramiden anzeigt. Steil geht es hinunter zum Wald, wo wir noch einmal auf das eindrucksvolle Naturphänomen stoßen. Danach geht es wieder zurück zur Straße. Auf der gegenüberliegenden Seite beginnt der Steig in Richtung Oberbozen, dem wir hinauf bis zu einer Straße folgen. Auf dieser wandern wir nach rechts bis unterhalb der Kirche St. Georg und St. Jakob. Nun geht es durch einen Wald nach links in Richtung Oberbozen. Bald verlassen wir den Wald und wandern über freie Wiesen hinauf zu den Gleisen der Bahn. Wir überqueren die Gleise und gehen nach links zur Kirche Maria Himmelfahrt und weiter zum Gasthof Schluff. Von hier folgen wir dem Weg Nr. 14 A durch den schönen Wald bis zu den Gleisen. Entlang der Gleise, vorbei an einer weiteren Kirche, erreichen wir schließlich wieder unseren Ausgangspunkt an der Bergstation der Seilbahn.

INFO

IMKEREIMUSEUM AM PLATTNER BIENENHOF

In Wolfsgruben auf dem Hochplateau des Ritten befindet sich auf einer Anhöhe der Plattner Hof, einer der ältesten Bauernhöfe der Region. Hier ist heute ein Imkereimuseum eingerichtet, das bequem mit der »Rittner Bahnl« zu erreichen ist, da es in Wolfsgruben eine Haltestelle gibt. Zu sehen ist im alten Hofgebäude, wie die Bergbauern in der Vergangenheit lebten, und im Stadel erfährt man Interessantes über die Herstellung des Honigs mit einer der größten Sammlungen zur Südtiroler Imkerei. Weiterhin gibt es um den Bauernhof herum einen Lehrpfad, der aus der Sicht der Bienen erklärt wird. Das Imkereimuseum hat von Anfang April bis Ende Oktober täglich geöffnet. Mit der Ritten Card erhält man sogar freien Eintritt.

WEITERE INFORMATIONEN

Touristinfo: ritten.com
Ausgangspunkt: Oberbozen, Bergstation Seilbahn
GPS: 46.52803, 11.405447
5,6 Kilometer, 2 Stunden, 200 Höhenmeter

← Die Rittner Schmalspurbahn vor dem Schlernmassiv
↑ Im 600 Jahre alten Plattner Bienenhof bei Oberbozen ist ein Imkereimuseum eingerichtet.

31

MITTERBERG – RUINE LEUCHTENBURG UND DIE ROSSZÄHNE

AUF DEN SPUREN VON INDIANA JONES

Die Burgruine Leuchtenburg thront auf dem Mitterberg, der das Etschtal von der Hochebene des Kalterer Sees trennt. Neben der Ruine gibt es dort noch die Rosszähne, steil aufgerichtete Felsformationen aus rötlichem Porphyr. Noch nicht Geheimtipp genug? Dann spricht die üppige Flora, die einem Dschungel gleicht, für den Besuch.

Wie in einem Abenteuerfilm mit dem Archäologen Indiana Jones mutet die Erkundung des Mitterbergs an: die Mauern einer alten Burg, wilde Felsen, bemooste Steine, geologische Phänomene und prähistorische Kultplätze. All das kann man bei einer Wanderung entdecken. Dabei grenzt es fast schon an ein Wunder, dass dieser Berg noch relativ unbekannt ist. Die meisten Besucher bleiben eben am beliebten Kalterer See hängen, von dem aus diese Tour startet. Das ist auch der Vorteil dieses Geheimtipps. Zum einen hat man Ruhe, zum anderen darf man nach der Wanderung die Annehmlichkeiten des Kalterer Sees genießen. Dort gibt es genügend Cafés und Restaurants, in denen man den Tag wunderbar ausklingen lassen kann. Außerdem lockt im Sommer ein Sprung in den See. Es gibt mehrere Strandbäder, aber auch einen freien Zugang zum See.

Die Erbsen von Leuchtenburg

Über Leuchtenburg wird die Legende erzählt, dass man hier an lichten Stellen im Wald wilde Erbsen findet, die zur Erntezeit ungewöhnlich süße Früchte hervorbringen. Diese Erbsen sollen von der heiligen Notburga stammen, einer der bedeutenden Tiroler Lokalheiligen, die aus dem Tiroler Inntal stammte. Sie soll einst als Magd den Herren von Rottenburg gedient haben, die auf der Leuchtenburg oberhalb des Kalterer Sees herrschten. Es ist gut möglich, dass Notburga tatsächlich auf der Leuchtenburg lebte, denn die Rottenburger waren zu diesem Zeitpunkt auch Hofmeister der Grafen von Tirol. Notburga soll sich neben ihrer Arbeit als Dienstmagd vor allem um Arme und Kranke gekümmert haben. Die Geschichte erzählt, dass sie, als sie wieder einmal Speisen für Bedürftige ins Tal bringen wollte, auf dem steilen Weg ausgerutscht und hingefallen sei. Dabei habe sie einige Erbsen verloren, die seither am Burgberg wachsen. Sie gehen jedes Jahr neu auf und sollen eine wundersame Heilkraft besitzen.

Beurkundet ist, dass die Leuchtenburg im späten 12. Jahrhundert erbaut wurde. Sehr bald gelangte sie an die Herren von Rottenburg und war Verwaltungszentrum für das Gebiet um den Kalterer See. Die Burg besitzt keinen Bergfried. Was danach aussieht, ist der Palas, das Haupthaus, dessen Mauerwerk eine respektable Stärke aufweist. Von Norden her kann man über eine Leiter in die Ruine einsteigen, ein kleines Abenteuer, das nur wenige wagen. Drei Räume haben sich zumindest im Grundriss erhalten, die Decken der oberen Geschosse sind eingestürzt. An der flachen Ost- und Südflanke der Burg standen einst zwei

→ Mächtig sind die Steinformationen der Rosszähne, durch die man sogar hindurchgehen kann.

Vorburgen, die sich noch durch Mauern andeuten. Heute ist vor allem die friedliche Stimmung an der Burgruine, abseits des Trubels und der Zivilisation, ein echtes Highlight. Hinzu kommt der sensationelle Rundumblick von der Ruine auf die Umgebung.

Pferdegebiss am Berg

Ein weiterer Höhepunkt unweit der Ruine Leuchtenburg sind die Rosszähne, bizarre und markante Formationen aus dunkelrotem Porphyrgestein, die fast senkrecht in die Höhe ragen. Sie erinnern mit etwas Fantasie an Pferdezähne, durch deren schmale Lücke zwischen den Schneidezähnen man hindurchgehen kann. Kurz vor den »Zähnen« liegen die »Warmluftlöcher«, die jedoch nicht ausgeschildert sind.

Es ist ein geophysikalisches Naturphänomen, das Luft im Inneren des Bergs aufsteigen lässt, die dann oben deutlich wärmer aus den Feldspalten wieder austritt. Die Löcher liegen etwas hinter dem Naturdenkmalschild, wobei man dazusagen muss, dass sich der Effekt nur an kalten Tagen zeigt. Ein Pendant dazu gibt es in Eppan: Eislöcher, die warme Luft auf dem Weg nach unten abkühlen lassen.

Aufstieg in die Welt von Indiana Jones

Startplatz ist das Freibad Lido am Kalterer See. Mit Blick auf den See halten wir uns links und folgen dem Uferrundweg zum Parc Hotel auf die Ostseite. Hier beginnt am Restaurant Leuchtenburg, ein wenig nach rechts versetzt, der Aufstieg zur Ruine Leuchtenburg. Der Weg ist mit der Markierung Nr. 18 beschildert und geht hinter dem Restaurant rechts ab. Bald endet das Sträßchen an einem Privathaus. Links des Eingangstors beginnt der ansteigende Pfad zur Burg. Alle Abzweigungen sind ausgeschildert und schon beim Aufstieg staunt man über den üppigen Pflanzenwuchs. Die schwüle Luft und das milde Klima sorgen für das Wohlergehen ungewöhnlicher Baumarten. Neben Stein- und Flaumeichen, Akazien- und Maronenbäumen wachsen Blauglockenbäume, aber auch jede Menge Wacholder- und Ginsterbüsche sowie Kletterpflanzen. Die efeuumrankten Bäume erinnern an einen Dschungel. Bald erreichen wir das Areal der Ruine. Nach der Erkundung der Burg geht es wieder ein Stück auf dem Anstiegsweg abwärts, dann links auf den Weg mit der Markierung Nr. 13, der uns zu den Rosszähnen führt. Der Weg steigt an und nähert sich der Abbruchkante ins Etschtal. Hier ist der Waldboden nur mit einer kargen Humusschicht bedeckt und überall tritt der Porphyrfels an die Oberfläche. Trampelpfade zweigen vom Hauptweg nach links ab und führen zu Aussichtslogen mit beeindruckendem Blick über das Tal. Achtung: Diese Stellen sind nicht gesichert! Bald erreichen wir die Rosszähne. Für den Abstieg bleiben wir auf der Bergseite, auf der wir heraufgekommen sind. Wir passieren eine große Steinplatte samt Rastplatz. Danach geht es weiter bergab. Der Wald wird dichter, und schließlich sind wir wieder auf einem Forstweg. Er umrundet den Hügel, bis wir auf den Weg stoßen, den wir auf dem Hinweg hinaufgewandert sind. Von hier aus geht es zügig zurück zum See.

↗ Blick von der Ruine Leuchtenburg auf Weingärten und Apfelhaine im Tal
↖ Gewitter über der Ruine Leuchtenburg
← Startplatz der Tour: der Kalterer See

INFO

MÜSSIGGANG AM KALTERER SEE

So viel landschaftliche Schönheit wie am Kalterer See lässt sich nicht geheim halten. Trotzdem ist er immer einen Besuch wert. Im Sommer verführen vier Strandbäder rund um den See zum Baden. Wer kurz mal ins Wasser springen möchte, steuert das Freibad Lido am Westufer an. Vor dem Eingang hält man sich links und erreicht einen Steg mit einer Leiter. Die winzige Badestelle ist kostenlos und damit ideal für alle, die sich nur abkühlen möchten. Außerdem gibt es am See genügend Restaurants und Bars. Vor dem Hotel Gretl am See befindet sich der »Kiosk«, eine Bar mit Sitzmöglichkeiten. Hier kann man bei Chill-out-Musik und einem Aperitif den Tag ausklingen lassen. Wer sich ein Menü der Extraklasse gönnen möchte, kommt am Restaurant Panholzer nicht vorbei. Der historische Weinhof verwöhnt seine Gäste nach allen Regeln der Kunst (Info: panholzer.it).

WEITERE INFORMATIONEN

Touristinfo: kaltern.com
Ausgangspunkt: Freibad Lido, Kalterer See
12 Kilometer, 4 Stunden, 500 Höhenmeter
GPS: 46.385035, 11.256958
Keine Einkehr unterwegs, unbedingt genug zum Trinken mitnehmen!

Auch Boote kann man am Kalterer See mieten – eine gute Idee, um mitten im See ins Wasser zu hüpfen.

32

CASTELFEDER BEI AUER – GEHEIMNISVOLLER KULTPLATZ

EIN WUNDER UND DIE JUNGFERNRUTSCHE

Das Laub der Korkeichen aus dem letzten Jahr raschelt unter den Füßen. Es ist ein milder Frühlingstag, ideal, für eine Erkundung des sagenumwobenen und geschichtsträchtigen Castelfeder. Der Porphyrfelsen verbirgt nicht nur manch Geheimnis – er ist auch ein geschütztes Biotop mit eigenem Mikroklima.

Eine Legende erzählt von einer armen Südtiroler Witwe, die nicht mehr wusste, wovon sie sich und ihr kleines Kind ernähren sollte. Da erinnerte sie sich an alte Geschichten von reichen Schätzen auf dem Hügel von Castelfeder. Sie nahm ihr Kind auf den Arm und ging auf den Berg. Dort fand sie ein offenes Gewölbe mit einer Treppe, die tief in den Berg führte. Ängstlich betrat sie den Gang und kam in eine große Halle, in der zahllose Goldstücke lagen. Rasch legte sie ihr Kind auf die letzte Stufe der Treppe, raffte einige Goldstücke in ihre Schürze und floh ans Tageslicht. In der Aufregung vergaß sie ihr Kind an der Treppe. Als sie ihren Fehler bemerkte und zurückkehren wollte, war das Gewölbe verschwunden und die Goldstücke hatten sich in schwarze Kohlen verwandelt. Die Trauer war groß. Erst ein Jahr später wagte die Frau, ihr Vergehen zu beichten. Nach der Absolution durch den Priester kehrte sie auf den Hügel von Castelfeder zurück und fand dort ihr Kind wohlbehalten wieder.

Funde aus vergangenen Zeiten

Diese stark gekürzte Sage erinnert an uralte Zeiten, als Castelfeder bewohnt war. An der höchsten Stelle, auf dem Rabenkofel, stand das Heiligtum eines unbekannten Gottes. Ausgrabungen haben den Nachweis erbracht, dass der Hügel schon in prähistorischer Zeit besiedelt war. Dabei fanden Archäologen mehr als 160 Wohnhäuser in einer von Mauern geschützten Siedlung. Die Lage von Castelfeder war äußerst günstig für eine Ansiedlung, denn der ins Etschtal vorgeschobene Porphyrhügel erlaubt eine weite Sicht nach Süden und Norden. Anrückende Feinde ließen sich frühzeitig erkennen. Auch während der Zeit der Völkerwanderung zogen viele Volksstämme durch das Etschtal, was an den Castelfeder-Befestigungsanlagen abzulesen ist. Hier fand man Reste einer römischen Burg, »Castellum vetus«, einer frühmittelalterlichen Siedlung sowie einer großen Ringmauer, die heute noch zum Teil erkennbar ist. Der jüngste und letzte Bau war die romanische Burg Alt-Enn, die jedoch schon Ende des 12. Jahrhunderts wieder verlassen wurde. Auf der Erkundungstour über den Hügel stößt man unweigerlich auf mehr oder weniger deutliche Spuren menschlicher Besiedlung – eine geheimnisvolle Tür in die Vergangenheit.

Aufstieg zur besten Aussicht

Unsere Wanderung zum Castelfeder beginnt am Parkplatz Schwarzenbach in Auer. Von hier wandert man über die Holzbrücke. Dann geht es nach links und man folgt gleich

→ Die »Kuchelen« sind Reste der Ringmauer der Castelfeder-Befestigungsanlage aus der Zeit der Völkerwanderung.

darauf den Wanderwegschildern »Castelfeder 5« nach rechts. Vorbei an den Tennisplätzen unterquert man in einem Tunnel die Schnellstraße und trifft auf einen Wanderparkplatz. Hier wendet sich der Weg nach rechts und teilt sich. Beide Wege führen ans Ziel. Wer rechts aufwärtswandert, wird gleich mit einem ersten Aussichtspunkt belohnt, der einen weiten Blick nach Norden über Auer bis Bozen erlaubt. Alte Flaumeichen säumen den weiteren Weg, darunter wahre Baumgreise mit knorrigen Stämmen. Aus dem Tal weht ein lauer Wind über die Hügelflanken und die Wärme staut sich auf dem felsigen Plateau. Bald schon geht es an den ersten Mauerresten der mittelalterlichen Burganlage vorbei. Hinweistafeln informieren nicht nur über geschichtliche Hintergründe, sondern erklären auch die einzigartige Flora und Fauna dieses Naturbiotops.

Bis zum höchsten Punkt ist es nun nicht mehr weit. Er ist durch die Reste der romanischen Barbarakapelle markiert, die einst zur Burg Alt-Enn gehörte. Von der Burg selbst findet man heute nur mehr wenige Grundmauerreste. Mit das Beste aber ist an der Barbarakapelle die Aussicht – und es gibt jede Menge lauschige Plätzchen für eine mitgebrachte Brotzeit. Im Tal zieht sich das glitzernde Band der Etsch Richtung Süden, und die Grenze zum Trentino an der Salurner Klause ist schnell ausgemacht. Im Osten sieht man Montan mit seiner Burg und das Kirchlein St. Daniel, im Westen steigen steil die Felswände des Schwarzkopfs und des Paterkopfs oberhalb von Tramin empor. Richtung Norden glänzt der von Weingärten umgebene Kalterer See, und der Mitterberg mit der Ruine Laimburg teilt das Etschtal.

Ein Stein für den Kindersegen

Wendet man sich von der Barbarakapelle aus nach Westen, so kommt man an der Hangkante zu einer Mauer mit drei Durchbrüchen. Sie werden Kuchelen genannt und sind die Reste der früher so bedeutenden Ringmauer der römischen Befestigung. Daneben stehen ein paar Porphyrsteine schräg aus dem Boden. Einer dieser Felsen ist oben auffällig blank geschliffen. Das war die Stelle eines vorchristlichen Fruchtbarkeitskults. Wenn eine Frau über diesen Felsen rutschte, hoffte sie, schwanger zu werden. Offensichtlich hat sich der Brauch weit in die christliche Zeit hinein erhalten, denn später meißelte man ein Kreuz an der Jungfernrutsche ein, um den heidnischen Zauber zu bannen. Wer die Rutsche testen möchte – nur zu, aber für etwaige Nebenwirkungen nach neun Monaten wird keine Haftung übernommen.
Der schnellste Weg führt über den Hinweg zurück. Aber man kann die Runde noch etwas ausdehnen. Dafür steigt man hinter der Ruine der Kapelle die felsigen Stufen abwärts. Am Brunnen biegen wir dann rechts ein und folgen dem malerischen alten Römerweg mit seinem Steinpflaster. Unten treffen wir auf einen größeren Feldweg, in den wir links abbiegen, um auf dem Naturlehrpfad Castelfeder das Feuchtgebiet Langsee zu passieren. Wir umrunden nun die Ostseite von Castelfeder und kommen auf dem Steig Nr. 5 A wieder zurück an die Stelle in der Nähe der Umgehungsstraße. Von hier geht es auf demselben Weg wieder zurück.

↗ Felsen treten überall an die Oberfläche – ein Zeugnis dafür, wie karg der Boden ist.
↖ Ziegen, Pferde und Esel weiden im Sommer auf dem felsigen Plateau.
← Auer ist Startplatz für die Wanderung.

INFO

MANNA RESORT

Oberhalb von Auer an der Straße nach Aldein wurde eines der schönsten und modernsten Hotelkomplexe in Südtirol ganz neu eröffnet. Das Manna Resort gehört zu den gehobenen Fünf-Sterne-Häusern und geizt wirklich nicht mit Luxus. Mit nur 15 Suiten und drei Chalets teilt man sich die Manna SPA Welt mit mehreren Saunen, mediterranem Bad, Pool und Naturpool mit wenigen anderen Gästen. Jede Suite verfügt über eine eigene Terrasse mit freiem Blick, wahlweise ins Tal oder auf die Berge. Einige davon besitzen sogar eine private Sauna. Entspannung und Auszeit haben somit Vorrang, dafür sind Kinder erst ab 12 Jahren willkommen. Für den Genuss gibt es zwei Restaurants zur Auswahl. Dort fällt zwar kein Manna vom Himmel, aber das Team rund um Spitzenkoch Manuel Astuto, der Sizilien genauso im Blut hat wie das Vinschgau, wird demnächst wohl dem Haubenhimmel nahekommen.

WEITERE INFORMATIONEN

Touristinfo: castelfeder.info
Castelfeder ist fast das ganze Jahr über frei zugänglich. Hier im Südtiroler Unterland liegt nur selten Schnee.
Ausgangspunkt:
Auer, Parkplatz Schwarzenbach
GPS: 46.547721, 11.876547
3,5 Kilometer, 1,30 Stunden,
180 Höhenmeter

Das Etschtal mit Auer im Vordergrund liegt unterhalb des Manna Resorts.

33

FLEIMSTAL – AUF DEN SPUREN DER ALTEN BAHNTRASSE

E-BIKE VERGNÜGEN IM UNTERLAND

Zwischen Auer im Südtiroler Unterland und dem Pass San Lugano liegen rund 1000 Höhenmeter, die man früher mit der Fleimstalbahn zurücklegen konnte. Heute verkehrt kein Zug mehr auf der Trasse, die Gleise wurden entfernt und stattdessen ein herrlicher Bahnweg angelegt. Ein echtes Highlight und ein perfektes Radvergnügen.

Auf der Fleimstalbahnstrecke fuhr am 28. April 1917 der erste Zug. Damals führten die Gleise auf einer Länge von 45 Kilometern über den San-Lugano-Pass (1097 m) nach Cavalese. Ein Jahr später erfolgte die Verlängerung bis Predazzo am Ende des Fleimstals. Dadurch entstand eine gute Verbindung aus dem Trentino ins Südtirolerische. Bis 1927 wurde der Zug jedoch vor allem für Holztransporte genutzt. Bei nur drei Zügen täglich und einer Reisezeit von knapp vier Stunden war die Strecke für Reisende eher uninteressant. Sie führte eben schon damals nicht zu den touristischen Hotspots des Landes. 1929 wurde die Bahn auf elektrischen Betrieb umgestellt, was die Fahrzeit um 45 Minuten verkürzte. Trotzdem trug sich die Fleimstalbahn finanziell nie und musste immer subventioniert werden. 1963 stellte man deshalb den Schienenverkehr ein und baute stattdessen die Busverbindungen aus.

Fahrspaß auf der ganzen Linie

Heutzutage ist die alte Bahntrasse saniert und in einen Rad- und Wanderweg umgewandelt. Er führt mitten durch das Naturschutzgebiet von Castelfeder (siehe Tour 32) und den Naturpark Trudner Horn. Eine wirklich traumhafte Radtour mit tollen Ausblicken, spannenden Tunneln und jeder Menge Lost Places, wie die alten aufgelassenen Bahnhöfe. Die Strecke führt dabei stetig, aber nie zu steil bergauf, denn das hätte ein Zug auch nicht geschafft. Wer jedoch ein E-Bike besitzt, ist klar im Vorteil. Wir starten die Tour am Bahnhof in Auer oder im Ort Montan. Von Auer führt der Weg in einem Bogen um Castelfeder und schraubt sich dann nach Montan hinauf. Dort folgt der wohl schönste Wegabschnitt, der zuerst in einer aussichtsreichen geraden Panoramastrecke durch die Weingärten verläuft, um dann in den 360-Grad-Kreisel am Viadukt Glen überzugehen. Gleich dahinter gibt es ein Aussichtskino – ein noch unbekannteres Pendant zum Knottnkino (siehe Tour 25). Immer der Beschilderung der Bahnstrecke folgend, passieren wir bald Schloss Enn. Einmal queren wir die Straße, umrunden den neuen Hotelkomplex Manna Resort und erreichen den ehemaligen Bahnhof Kalditsch. Der Weg setzt sich dahinter fort, führt erneut durch Tunnel und dann in den Wald des Naturparks Trudner Horn. Über den Pausahof und die Bahnstation Kaltenbrunn erreichen wir schließlich San Lugano an der Grenze ins Trentino. Für uns ist hier die Tour zu Ende. Wer möchte, kann über Molina di Fiemme, vorbei an Cavalese bis Predazzo, weiterfahren. Aber die meisten drehen am San-Lugano-Pass um und genießen nun die absolut mühelose Abfahrt.

INFO

WAS FÜR EIN WEIN!

Auf der anderen Talseite der Etsch verläuft die Südtiroler Weinstraße, auf der die berühmten Orte Eppan, Kaltern oder Tramin liegen. Schon weniger bekannt sind Magreid und Kurtatsch. Ein echter Hingucker ist die Kellerei Kurtatsch, die südlich des Ortskerns liegt. Ein gigantischer moderner lichtdurchfluteter Bau, mit einer einladenden Vinothek, samt atemberaubender Aussicht über Weinberge und das Tiroler Unterland. Der absolute Secret Place versteckt sich aber ein Stück unterhalb der Kellerei mitten im Weinberg. Die Einfahrt zum Buschenschank vom Gruber Hans (Schild) muss man fast suchen. Dort erfüllen sich alle Klischees, die man sich von einem lauschigen Weinabend verspricht: ein netter Wirt, der seinen Pfefferer Goldmuskateller, den roten Vernatsch und Lagrein mit großer Leidenschaft im urigen Keller oder in der Weinlaube kredenzt (geöffnet täglich außer Montag, Dienstag ab 16 Uhr; keine Homepage).

WEITERE INFORMATIONEN

Touristinfo: suedtiroler-weinstrasse.it;
kellerei-kurtatsch.it
Tour bis San Lugano: 27 Kilometer, 1100 Höhenmeter

↖ Traumhafte Naturkulisse: Mit Akkuunterstützung radelt es sich auf der ehemaligen Bahnstrecke fast mühelos den Berg hinauf.
↑ Viadukt auf der ehemaligen Fleimstalbahnstrecke

34

MARIA WEISSENSTEIN – ORT DER GELÜBDE UND WUNDER

DOM DER DOLOMITEN

Mächtig und imposant thront auf dem Regglberg vor den Dolomiten die Wallfahrtskirche Maria Weissenstein. Während sich in Südtirols bekanntestem Wallfahrtsort die Pilger drängen, liegt nur wenige Minuten entfernt der eigentliche Ursprung der Wallfahrt nach Weissenstein: die Einsiedelei. Kaum jemand verirrt sich hierher.

Die Anfänge der Wallfahrt führen ins Jahr 1553 zurück. Die Legende berichtet vom kranken Bauern Leonhard Weissensteiner, der aus der Gegend von Petersberg kam. Ihm sei die Gottesmutter erschienen, die ihm Heilung versprochen habe, falls er ihr zu Ehren eine Kapelle errichten würde. Leonhard wurde alsbald wieder gesund und vergaß zunächst sein Gelübde. Da stürzte er plötzlich von einem Felsen und blieb schwer verletzt liegen. Rettung war nicht in Sicht, und so versprach der Bauer der Gottesmutter erneut zum Dank für seine Errettung aus der Not eine Kapelle zu bauen. Das Wunder geschah: Weissensteiner blieb am Leben und wurde nach neun Tagen gefunden. Sofort begann er mit dem Bau der Kapelle. Bei den Aushubarbeiten stieß er in der Erde auf eine schneeweiße Pieta, eine kleine Figur von Maria, die ihren toten Sohn Jesus Christus auf dem Schoß gebettet hat. Leonhard deutete dies als Zeichen des Himmels und gab der Figur einen besonderen Platz in seiner Kapelle, direkt am Altar. Die Errettung von Krankheit und dem Sturz von einem Felsen sowie die wundersame Auffindung der Figur aus weißem Stein sprach sich schnell im ganzen Eggental herum. Immer mehr Gläubige kamen mit ihren Anliegen zur Kapelle mit der Marienfigur und baten die Gottesmutter um Hilfe. Weitere Genesungen und Erhörungen folgten und rasch verbreiteten sich Erzählungen über die Wundertaten der Maria Weissenstein weit über alle Grenzen. Die Kapelle wurde schon bald zu klein und der Bau einer größeren Kirche war notwendig geworden. So begann man 1673 mit einem Kirchenneubau, dem ein Kloster der Patres des Innsbrucker Servitenordens angeschlossen wurde.

Nicht alles ist auch echt

Das Gnadenbild, das sich heute in der Kirche befindet, ist nicht mehr das Original. Durch die von Kaiser Franz II. erlassene Kirchenreform aus dem Jahr 1781, bei der alle Klöster, die sich nur dem kontemplativen Leben widmeten, aufgehoben werden sollten, wurde auch Kloster Weissenstein geschlossen und die Kirchenausstattung verteilt oder verkauft. Das Gnadenbild gelangte 1787 nach Leifers im Eisacktal, wobei sich mehrere Kirchengemeinden um die Pieta rissen. Den Zuschlag erhielt schließlich Leifers, wo sogleich erneut die Wallfahrt einsetzte und im Laufe der Jahre aufwendige Prozessionen stattfanden.

Maria Weissenstein selbst diente in dieser Zeit nur noch als Lager und Scheune. Erst 1836 kauften es die Serviten zurück und Weissenstein wurde erneut ein beliebter Wallfahrtsort. Den Altar der Wallfahrtskirche schmückt nun

→ Etwas versteckt im Wald und abseits des trubeligen Wallfahrtsorts liegt die Einsiedelei des heiligen Leonhard.

eine Kopie des Gnadenbilds, die 1885 durch den damaligen Bischof von Trient neu geweiht worden war. Seitdem gibt es zwei Gnadenbilder, eines in Weissenstein und eines in Leifers. Von dort aus führt übrigens ein uralter, zehn Kilometer langer Pilgerweg durch das Brantental hinauf zur Wallfahrtskirche Weissenstein. Und wer schon einmal in Weissenstein ist, der sollte natürlich einen Blick in die Wallfahrtskirche werfen, auch wenn diese selbst ganz bestimmt nicht zu den Secret Places zählt. Das Innere der Kirche ist üppig mit barocken Wandmalereien ausgestattet und prunkt golden. Im hinteren Bereich des Kircheninnenraums finden wir auch die Ursprungskapelle des Leonhard Weissensteiner. Nicht vergessen sollte man bei einer Besichtigung den Seitengang mit Abertausenden von Votivtafeln aus allen Zeiten. Sie erzählen von tragischen Ereignissen und wundersamen Genesungen, aber auch von bestandenen Abiturprüfungen und dem gelungenen Kampf gegen den Abstieg in die Drittliga der Fußballklassen.

Bedenken sollte man, dass gerade an Sonn- und Feiertagen sowie an Marienfesten wie Mariä Himmelfahrt Mitte August der Andrang rund um die Wallfahrtskirche extrem groß ist. Bis heute zieht das Gnadenbild Besucher scharenweise an – sicher nicht allein aus religiösen Gründen, obwohl die vielen Votivkerzen und gestifteten Votivbilder dem widersprechen. Ein weiterer Grund für die große Beliebtheit des Ortes dürfte die exponierte Lage sein, denn eine Augenweide für alle Besucher ist der Panoramablick auf die Dolomiten und die Sicht auf das Schwarzhorn und Weißhorn, die sich von hier aus bieten. Da auch ein echtes Pilgerwirtshaus nicht fehlt, bedarf es eigentlich keinerlei weiterer Erklärungen ...

Ohne Gedränge zur Einsiedelei

Nach der Kirchenbesichtigung gewinnen wir etwas Abstand vom Trubel, denn unser Secret Place liegt nordöstlich der Wallfahrtskirche im Wald. Es ist die Einsiedelei des heiligen Leonhard. Am hinteren Ende des großen Parkplatzes bei Maria Weissenstein beginnt der Weg, der uns dorthin führt, wo der heilige Leonhard angeblich als Einsiedler lebte und einst eine Marienerscheinung hatte. In 20 Minuten erreichen wir den abgelegenen Ort am Rande der steil abfallenden Flanke des Petersbergs. Von der Kapelle aus genießt man die Aussicht auf den Rosengarten fast allein. Gleich neben der Kapelle befinden sich die beiden Zellen der Einsiedelei, die natürlich nicht mehr aus dem 18. Jahrhundert stammen. Mit ihren Kruzifixen, Kronen und Votivbildern wirken sie wie ein Lost Place inmitten der Natur.

Almenrunde vom Kloster aus

Von Maria Weissenstein aus gehen verschiedene Wanderwege ab. Richtung Osten erreicht man das Gasthaus Petersberger Leger Alm. Eine andere Tour führt südlich durch den Wald über die Schönrastalm zum Gasthof Schmiederalm, wo man die frisch gebackenen goldgelben Strauben probieren sollte.

↗ Kloster und Wallfahrtskirche Maria Weissenstein
← Gegrüßet sei Maria: In großen Lettern steht der Schriftzug »Ave Maria« auf der Fassade der Kapelle an der Einsiedelei.

INFO

AB IN DIE MILCHSTRASSE

Das Eggental führt mitten in die Dolomiten hinein. Hier in den Bergen gibt es so gut wie keine Lichtverschmutzung durch größere Ortschaften. Ein idealer Platz zur Sternenbeobachtung. Oberhalb der Ortschaft Gummer, die sich an die steilen Hänge des Eggentals schmiegt, steht die Volkssternwarte. Sie ist nach dem Astronomen und Erfinder des Raketenantriebs Max Valier (1895–1930) benannt. Die nächtlichen Vorführungen durch das große Teleskop sind natürlich wetterabhängig, aber wenn sich keine Wolken am Himmel zeigen, kann man völlig in die Milchstraße eintauchen (Info: sternwarte.it).

Bis es Abend ist, verbringen wir die Zeit auf dem Planetenweg oder besuchen das Planetarium in der Ortsmitte. Zu Recht wurden die Dörfer Gummer und das nahe Steinegg als Erstes Europäisches Sternendorf ausgezeichnet, ein Lichtschutzgebiet, gleichzusetzen mit einem Sternenpark.

WEITERE INFORMATIONEN

Touristinfo: eggental.com
weissenstein-pietralba.com
Die Kirche ist täglich von 7.30–19 Uhr geöffnet; während der Gottesdienste (werktags 3-mal täglich, an Sonn- und Feiertagen 7-mal täglich) kann die Kirche nicht besichtigt werden.

Blick ins All: Sternwarte Max Valier am Euopäischen Sternendorf Gummer

35

HADERBURG BEI SALURN – AN SÜDTIROLS RAND

MIT DER SAGE HINAUF ZUR BURGSCHENKE

Als möchten sie sich tarnen, scheinen die grauen Mauersteine der Haderburg mit den dahinterliegenden Felsen zu verschmelzen. Kurz bevor Südtirol in das Trentino übergeht, bewacht die Burg die Salurner Klause. Aus dem Tal gesehen scheint die Haderburg unerreichbar zu sein und man kann kaum glauben, dass sich in der Ruine ein wirklich nettes Weinlokal befindet.

Die Weinschänke in der Haderburg nennt sich »Zum 18. Fass« in Anlehnung an die Sage »Der alte Weinkeller bei Salurn«, die die Märchen- und Sagensammler Wilhelm und Jacob Grimm niedergeschrieben haben. In der Sage wird berichtet, dass ein Mann mit Namen Christoph Patzeber Ende des 17. Jahrhunderts auf einer Fahrt nach Salurn die Ruine der Haderburg besuchte. Er fand eine unterirdische Treppe, die in einen gut gefüllten Weinkeller mit 18 Weinfässern führte. Als er vorwitzig den Wein probierte, war er von dem Geschmack völlig begeistert. Da entdeckte er drei unheimliche Männer an einem Tisch mit einer Kreidetafel, die ihm versprachen, er dürfe so oft kommen, wie er wolle, um sich Wein zu holen. Dieses Angebot nutzte Patzeder ausgiebig und bediente sich am Weinkeller. Auch seinen Nachbarn setzte er den Wein vor, die ihn verklagten, denn sie waren sich sicher, dass Patzeder nicht rechtmäßig zu einem derart köstlichen Wein gekommen sein konnte. Unter Eid beschwor Patzeder seine Geschichte und wollte den Weinkeller für Beweise aufsuchen. Aber er fand ihn nicht mehr, stattdessen schlug ihn eine unsichtbare Hand nieder. Im Dämmerungszustand sah er die drei Männer, die ihm seine Rechnung vorlegten und ein Kreuz auf ihre Kreidetafel malten. Christoph Patzeder schleppte sich zurück nach Salurn, bezahlte aber die Weinzeche innerhalb von wenigen Tagen mit dem Leben. Der Weinkeller blieb darauf für immer verschwunden.

Aufstieg zur Burg

Am südlichen Ortsausgang von Salurn gibt es einen Wanderparkplatz, von dem aus man auf einer kurzen Wanderung zur Burg gelangt. Dafür folgt man für wenige Schritte der Trientstraße in Richtung Ortsmitte und biegt dann rechts, den Schildern zur Haderburg folgend, in die kleine Bergstraße ein, wo der Aufstieg zur Burg beginnt. Man kann diesen Aufstieg gut als kurz, steil und »saftig« beschreiben. Einige Infotafeln weisen auf die Geschichte der Burg hin. Schließlich sind wir am Burgtor angelangt. Im Burgareal erleichtern Treppen den Aufstieg zum höchsten Punkt. Den sollte man sich nicht entgehen lassen, denn erst von oben erkennt man die geniale Lage der Burg, die einem Adlerhorst gleicht. Außerdem ergeben sich wunderbare Aussichten über das untere Südtiroler Etschtal bis ins Trentino. Für den gemütlichen Teil steigen wir zur Burgschänke in den Innenhof. Zwischen Mauern und Vorsprüngen gibt es lauschige Sitzgelegenheiten neben einem plätschernden Brunnen. Jetzt ist es Zeit für ein erfrischendes Bier oder eine Brotzeit. Der Rückweg führt über den Hinweg.

INFO

NOCH MEHR LAUSCHIGE PLÄTZE

Etwas nördlich von Salurn liegt in völliger Alleinlage das Restaurant Baita Garba am Rand der Weingärten und Apfelhaine. Es ist aus der Salurner Ortsmitte bei einem Spaziergang zu erreichen. Man kann den Besuch aber auch mit einer Wanderung über den Skulpturenweg bzw. den Albrecht-Dürer-Weg verbinden. Das Restaurant ist unter den Einheimischen bekannt für seine guten frischen Fische, die direkt aus der angrenzenden Fischzucht stammen. Wie in einem Biergarten sitzt man an Holztischen unter mächtigen Fichtenbäumen und genießt das urige Ambiente. Besonders gegen Abend ist die Stimmung am lauschigen Wasser schön (geöffnet von Mitte März bis Mitte Oktober, täglich ab 12 Uhr, Dienstag Ruhetag; Info: baitagarba.it).

WEITERE INFORMATIONEN

Touristinfo: suedtirol.info oder castelfeder.info
Haderburgschänke »Zum 18. Fass«:
geöffnet von Mai bis Ende Oktober täglich außer Montag und Dienstag, im Winter von Freitag bis Sonntag (Info: zum18tenfass.it)
Wanderung: 1,15 Stunden, 3,5 Kilometer, 150 Höhenmeter

↖ Nur am späten Nachmittag wird es ruhiger in der Burgschänke auf der Haderburg.
↑ Schier unbezwingbar scheint die Haderburg auf dem Felssporn hoch über Salurn zu sein.

Der Kreuzgang im Dom von Brixen mit seinen weltberühmten Fresken

EISACKTAL

Das Eisacktal mit seinen vielen unbekannten Seitentälern und seinen unzähligen Kunstschätzen ist weit mehr als ein reines Durchgangstal auf dem Weg nach Süden.

36

EISACKTALRADWEG – ZWEITAGESTOUR NACH BOZEN

FREIE FAHRT VOM BRENNER

Eine der schönsten Südtiroler Fahrradrouten ist der Eisacktalradweg, der über fast 100 Kilometer vom Brennerpass nach Bozen führt. Die unzähligen Sehenswürdigkeiten entlang der Strecke sind allein schon ein Hit. Noch besser: Man radelt durch eine ruhige Landschaft, was man beim verkehrsgeplagten Eisacktal nicht vermuten würde.

Das Eisacktal müsste eigentlich leiden. Es wird von so vielen Reisenden als Durchgangsstrecke genutzt, ganz abgesehen vom Fernlast- und Lieferverkehr, der sich auf dem Weg nach Süden durch das enge Tal zwängt. An manchen Stellen ist es so schmal, dass man die Verkehrswege übereinander gebaut hat. Ansonsten hätten Fluss, Brennerstraße, Autobahn und Bahnlinie hier keinen Platz. Aber gerade den Zug hat man in den vergangenen Jahrzehnten zum Großteil in Tunnel gebannt, sodass er auf dem Weg nach Bozen kaum mehr zu sehen ist. So wurden Strecken frei, die nun ganz allein den Fahrradfahrern gehören. Die wenigsten Radler legen die 99 Kilometer auf dem Eisacktalweg in einem Tag zurück, dafür gibt es einfach zu viel zu sehen. Landschaftsgenießer teilen die Tour in zwei Etappen und übernachten auf halber Strecke in Brixen.

Auf nach Sterzing!

Direkt am Brenner geht es los. Das ist praktisch, denn der Brenner ist mit dem Auto oder der Bahn gut zu erreichen. Vom Brenner-Bahnhof aus radeln wir 600 Meter auf der Brennerstraße nach Süden und werden vor dem Sportplatz nach rechts auf die Radroute gelotst. Schon ist es ruhiger, aber die Brennerstraße begleitet uns noch. Offiziell sind wir im Wipptal unterwegs, so nennt sich auch das Tal, das von Innsbruck über den Brenner führt. Die Eisack entspringt zwar am Brenner, aber erst ab Sterzing darf sich das Tal Eisacktal nennen. Bis dahin haben wir ein gutes Stück Weg vor uns. Wir passieren das alte Brennerbad und dann beginnt unser Bahntrassen-Radweg. Immer leicht bergab rollen wir durch erste Tunnel. Die Strecke biegt nach Westen ab, vorbei an der ehemaligen Bahnstation Schellenberg, wo wir einen Blick auf die Berge des Pflerschtals mit dem alles überragenden Tribulaun (3097 m) haben. Bald endet der Bahnweg und es geht auf einem neuen Weg bald steil über Serpentinen hinunter nach Gossensass. Dort überqueren wir die Brenner-Staatsstraße, dann führt der asphaltierte Radweg im Auf und Ab über Oberried und Unterried direkt nach Sterzing. Für die Besichtigung der Stadt braucht man mindestens eine Stunde, und das nur, wenn man mit Tempo durchflitzt. Malerisch ist die Fußgängerzone, die sich in Neu- und Altstadt teilt und am Zwölferturm endet.

Nächste Etappe: Brixen

Für den weiteren Streckenverlauf ist die Bezeichnung Flussradweg nicht ganz zutreffend, denn wir müssen auch einige Höhenmeter bergauf fahren. Aber dafür sind wir nun mal in den Bergen unterwegs. Für die Anstrengungen werden

→ Am Walthersplatz in Bozen haben wir es geschafft: Wir sind am Ziel des Eisacktalradwegs angekommen.

wir jedoch mit einem wunderbaren Ausblick auf die Burg Reifenstein auf der anderen Seite der Autobahn belohnt (siehe Tour 38). Dann geht es bergauf nach Stilfes und mit kräftigem Gefälle zurück ins Tal. In Niederried halten wir uns links und spüren bald die Enge des Eisacktals, denn wir radeln zwischen Felsen und Bahn an der Baustelle des Brenner-Basistunnels vorbei und erreichen die Sachsenklemme. Nach links lohnt sich ein Abstecher zu Fuß zum neuen Biergarten neben dem Burg-Hotel: Ansonsten bleiben wir auf der rechten Seite der Autobahn, wechseln erst in Mittewald die Seite und nähern uns dann Franzensfeste. Am Ortsende unterquert der Radweg die Brennerautobahn, führt am Stausee entlang und bringt uns unter der Autobahn zur Festung (siehe Tour 39). Weiter verläuft unsere Strecke in einigem Auf und Ab, vorbei am Vahrner See (siehe Tour 39, Info) bis hinauf in den Ort Vahrn und schließlich bergab zurück zur Eisack. Bevor wir die alte Bischofsstadt Brixen erreichen, legen wir eine Besichtigung am Augustiner-Chorherrenstift Kloster Neustift mit seinem gotischen Kreuzgang und der Basilika ein, denn von dort ist es nur noch ein Katzensprung in die Brixner Altstadt.

Nachts in Brixen

In Brixen kann man gut nächtigen. Die Auswahl an Unterkünften ist groß und vielfältig, da ist sicher für jeden Geldbeutel das Richtige dabei. Wer nach der langen Radtour noch ein wenig entspannen möchte, kann die Aquarena am Ufer der Eisack besuchen. Das große Schwimmbad ist sowohl Hallen- wie Freibad. Ideal, um alle Muskeln für die nächste Etappe zu lockern.

Zweiter Tag: Auf Kunstwegen nach Bozen

Diese Tagestour ist weit weniger anstrengend als die erste, überdies ist die Strecke kürzer. So starten wir nach einem guten Frühstück in Brixen und folgen nach der Einmündung der Rienz in die Eisack dem Damm stadtauswärts. Jetzt geht es fast nur noch bergab und dementsprechend flott sind wir unterwegs. Bald kommen wir nach Klausen, dem netten Künstlerstädtchen (siehe Tour 42). Hier ist ein erster Cappuccino-Stopp angesagt. Ab Waidbruck wird es dann interessant, denn die Eisenbahn ist wieder verschwunden. Uns allein gehört nun die alte Bahntrasse und wir genießen die stählernen Brücken, die uns über den Fluss führen. Der Verkehr erscheint weit weg, auch wenn es so in Wirklichkeit nicht ist. Der alte Bahnhof von Atzwang (Campodazzo) liegt verlassen an der Straße, und wieder folgen Tunnel und Galerien. Ab dem Bahnhof Blumenau ist der Eisacktalradweg identisch mit dem Radkunstweg »Augenreise«, der unter dem Motto »Kunst kennt keine Behinderung« angelegt wurde. Wir radeln an Skulpturen, Säulen, Fahnen und Gemälden vorbei und dann durch einen sehr langen Tunnel. Dahinter wird es noch einmal eng zwischen Straße, Fluss und Autobahn. In Kardaun wechseln wir dann das letzte Mal das Ufer und rollen zum Bahnhof von Bozen, den wir schnell erreichen.

↗ Malerisch ist die Brixner Altstadt mit ihren Erkern und Laubengängen.
↖ Der Zwölferturm in der Sterzinger Altstadt
← Kloster Neustift nördlich von Brixen lohnt einen kleinen Umweg.

INFO

STOPPOVER IN BRIXEN

Brixen, die Bischofsstadt, steht fest auf der Agenda aller Südtirolreisenden. Verständlich, denn das Städtchen versprüht das erste mediterrane Flair auf dem Weg nach Süden. Obendrein hat Brixen kunsthistorisch viel zu bieten. Den Kreuzgang am ehrwürdigen Dom darf man sich auf keinen Fall entgehen lassen, denn er ist übervoll mit mittelalterlichen Malereien ausgeschmückt, darunter einem etwas sonderbar dargestellten Elefanten und einem Dromedar. Auch an kulinarischen Schmankerln fehlt es nicht in der Altstadt. Für den Traubenwirt lohnt es sich, einen Tisch zu reservieren (Info: hotelbrixen.it). Wer gut essen möchte, ist hier richtig. Danach geht es nur eine Gasse weiter in die Vinothek Vitis, dort könnte man ebenfalls sehr gut essen, aber eben auch stilvoll ein Glas Wein in herrlichem Ambiente genießen. Auch ohne einen Secret Place ist Brixen unbestritten einen längeren Aufenthalt wert.

WEITERE INFORMATIONEN

Touristinfo: brixen.org; eisacktal.net
Eisacktalradweg:
99 Kilometer, 450 Höhenmeter bergauf, 1600 Höhenmeter bergab
Unbedingt Zeit für die Besichtigung der Sehenswürdigkeiten einplanen. Im Sommer Badesachen nicht vergessen!

Die Doppeltürme des Brixner Doms sind das Wahrzeichen der Stadt.

37

BECHERHAUS – FAMOSE HÜTTENÜBERNACHTUNG

GIPFELHÜTTE IN DEN STUBAIER ALPEN

Das Becherhaus auf dem Gipfel des 3195 Meter hohen Bechers am Südgrat des Wilden Freigers ist die höchste Hütte Südtirols. Sie steht schon seit über 100 Jahren hier oben und bietet ein besonderes Ambiente für eine Hüttennacht. Durch die aussichtsreiche Lage werden vor allem Sonnenunter- und Sonnenaufgang zum besonderen Erlebnis.

Im Jahr 1886 wurde der Gipfel des Bechers erstmals bestiegen. Ein paar Jahre später stand Karl Arnold, der Vorsitzende der Alpenvereinssektion Hannover, auf dem Gipfel. Damals entstand die Idee eines Hüttenbaus, aber aufgrund des exponierten Standorts auf 3195 Metern wagte sich keine Sektion an den Bau. Die Hannoveraner Sektion jedoch packte es mutig an und begann im März 1894 mit den Arbeiten. Bereits im August war die Hütte fertiggestellt, obwohl zwischendurch ein Wintereinbruch für erschwerte Bedingungen sorgte. Die Einweihung des Hauses fand am 18. August 1894, dem Geburtstag von Kaiser Franz-Joseph, statt und die Schutzhütte wurde nach Kaiserin Elisabeth benannt. Nach dem Ersten Weltkrieg enteignete der italienische Staat die Hütte und besetzte sie viele Jahrzehnte lang militärisch. Erst seit 1989 ist das Becherhaus wieder bewirtschaftet. In den letzten Jahren wurde es generalsaniert und erstrahlt heute in ganz neuem Glanz.

Vom Ridnauntal auf hohe Gipfel

Vom Südtiroler Ridnauntal aus erfolgt der logischste Aufstieg zum Becherhaus. Der Steig ist inzwischen komplett eisfrei, erfordert aber trotzdem Bergerfahrung und Trittsicherheit. Die 2000 Höhenmeter, für die wir mindestens 7 Stunden benötigen, sind nicht für jeden Bergsteiger an einem Tag zu bewältigen. Aber es gibt gute Möglichkeiten, diese Tour auf mehrere Tagesetappen aufzuteilen. Als Stützpunkt bietet sich die gemütliche Teplitzer Hütte an. Hier verbringen wir die erste Hüttennacht.

Am nächsten Morgen steigen wir zum Becherhaus auf und genießen oben eine großartige Hüttennacht. Von der Terrasse aus ist der Ausblick beeindruckend. Im Süden erhebt sich der mächtige Botzer (3250 m), unter uns liegt der Übeltalferner, der trotz Gletscherrückgang immer noch sehr imposant ist. Westlich von uns liegt die Müllerhütte, von deren Terrasse aus der Ostgrat des Wilden Pfaffs (3456 m) in die Höhe zieht. Dahinter ist das Zuckerhütl (3507 m), der höchste Stubaier Berggipfel, zu sehen. Direkt oberhalb der Hütte steht der Wilde Freiger. Der Gletscherrückgang hat hier trotz allem etwas Positives. Durch das Abschmelzen des Gletschers können wir eisfrei auf den Wilden Freiger steigen. Er ist mit 3418 Metern Höhe einer der höchsten Gipfel der Stubaier Alpen. Über den gesicherten Südgrat kraxeln wir hinauf zum Signalgipfel und steigen über den schmalen Grat nach Westen zum Hauptgipfel hinauf. Oben ist die Aussicht noch einmal umfassender als vom Becherhaus. Der Abstieg erfolgt auf dem Anstiegsweg zur Hütte.

INFO

BERGBAU IM RIDNAUNTAL

Im hintersten Ridnauntal wurde über viele Jahrhunderte Erz abgebaut. Erstmals wird der Bergbau hier im 13. Jahrhundert erwähnt. Das Bergwerk selbst zählte mit dem Bergwerk und dem Knappendorf am benachbarten Schneeberg (siehe Tour 15) zu den bedeutendsten Bergwerken Europas. Eingestellt wurde der Bergbau erst 1969, als der Abbau unwirtschaftlich geworden war. Um die ehemaligen Anlagen nicht verfallen zu lassen, hat man sich dazu entschieden, daraus ein Erlebnisbergwerk zu machen. Hier können wir vom Abbau bis zur Aufbereitung den gesamten Prozess der Gewinnung von Erz (Silber, Bleierze, Kupfererze, Zinkblende) erleben. Die gesamte Anlage ist noch komplett funktionstüchtig, sodass sie ohne Probleme wieder in Betrieb genommen werden könnte. Das Erlebnisbergwerk ist eingegliedert in das Südtiroler Landesmuseum für Bergwerk.

WEITERE INFORMATIONEN

Touristinfo: ratschings.info
Ausgangspunkt: Maiern, Talschluss
GPS: 46.928339, 11.273634
14 Kilometer, 6–7 Stunden, 2080 Höhenmeter

↖ Blick auf das Becherhaus und den gewaltigen Botzer (3250 m)
↑ Bergbaumuseum bei Ridnaun

38

BURG REIFENSTEIN BEI STERZING – SO LEBTE MAN EINST

WOHNKOMFORT IM MITTELALTER

Burg Reifenstein wurde vermutlich kurz nach der Erhebung der Brixener Bischöfe in den Fürstenrang erbaut. Da die mittelalterliche Burganlage im Lauf ihrer langen Geschichte niemals erobert oder zerstört wurde, hat sie sich seit Jahrhunderten kaum verändert – und gerade das verleiht ihr den besonderen Reiz.

Burg Reifenstein steht auf einem Felsrücken, der markant aus dem Talboden südlich von Sterzing aufragt. Die Burganlage ist durch ihre exponierte Lage von der Brennerautobahn aus weithin sichtbar. Doch für einen Besuch dieser Burg halten die allerwenigsten Reisenden an. Nur zu Fuß gelangt man vom Parkplatz am Fuß des Burgbergs hinauf zum Eingang hinter dem ersten Mauerring mit Fallgitter. Im Burghof, der vom gewaltigen Bergfried und Palas beherrscht wird, taucht man sofort ins Mittelalter ein. Ein kleiner Bauerngarten sorgt für frisches Gemüse, dazu sind Kräuterbeete angelegt. Im Inneren der Anlage steigt man an der tiefen Zisterne vorbei über steile Treppen nach oben und gelangt in weitere Räume, darunter die rußgeschwängerte Burgküche, in der der Geruch nach Holzfeuer und Räucherspeck immer noch in der Luft hängt.

Luxus im Schlafgemach

Je höher man steigt, umso vornehmer werden die Räumlichkeiten. Manche besitzen eine Holzvertäfelung, und verblasste Wandmalereien strahlen einen Hauch von Behaglichkeit aus. Das ist jedoch nicht überall so. In den Räumen der einfachen Burgbesatzung erinnern die schweren, aus Eichenbalken gezimmerten Schlaflager eher an Schweinekolben als an gemütliche Betten. Aber auch diese Holzkästen waren für die damalige Zeit Luxus, denn üblicherweise musste man mit einem blanken Steinboden vorliebnehmen, auf dem etwas Stroh aufgeschüttet war. Hier auf Reifenstein hatten die Bediensteten sogar einen Holzverschlag mit aufklappbarem Deckel. Im Winter blieb der Deckel geschlossen und man wärmte sich gegenseitig. Für die Burgherren bzw. die Ordenskompture gab es eine Kapelle, die an den grünen Saal angebaut war. Dieser Saal ist wegen seiner raffinierten Wandbemalung mit Rankenwerk besonders erwähnenswert. Die Ranken mit Schattenwurf sind fein gezeichnet und dazwischen findet man jede Menge Details wie einen Vogelfänger oder einen Apfelpflücker. Bis 1241 war Burg Reifenstein als fürstbischöfliches Lehen vergeben. Dann ging sie in Besitz der Landesfürsten über. Im Jahr 1470 verkaufte sie Erzherzog Sigmund an den Deutschen Orden, der seit 1254 in Sterzing das Spital betreute. Über 350 Jahre hielten die Ordenskompture die Anlage vorbildlich in Ordnung. Als sie während der Säkularisation 1811 enteignet wurden, ging die Burg als Entschädigung für das verlorene Tiroler Postregal an die Grafen Thurn und Taxis, die noch heute Besitzer der Burg sind. Burg Reifenstein kann man mittels Audiogerät, eigenem Smartphone (QR Code) oder schriftlicher Information erkunden.

← Mit Zinnen bekrönt wacht die Burg Reifenstein über das Tal bei Sterzing.
↓ Es sind die Details, die den Multscher Altar so ausdrucksstark machen.

INFO

DER DEUTSCHE ORDEN IN STERZING

Sterzing ist kein Geheimtipp, aber das Deutschhaus, in dem der Deutschherrenorden jahrhundertelang ein Spital und ein Hospiz betreute, ist kaum bekannt. Heute beherbergt das Gebäude eine Musikschule und der Innenhof wird für Theateraufführungen genutzt. Eine Besonderheit ist im Ostflügel untergebracht: das Stadt- und Multschermuseum mit einem berühmten Flügelaltar des Malers und Bildhauers Hans Multscher (1400–1476). Die Gemälde sind unglaublich ausdrucksstark und detailreich. Der Ulmer Meister schuf den gotischen Altar zwischen 1456 und 1459 für die Sterzinger Pfarrkirche.

WEITERE INFORMATIONEN

Touristinfo: sterzing.com
Burg Reifenstein bei Elzenbaum/Freienfeld: geöffnet Mai bis November täglich außer Samstag von 10.30–12.30 und 14–16 Uhr, im Hochsommer nachmittags bis 17 Uhr. Letzter Einlass 30 Minuten vor Ende der Besichtigungszeit
Deutschhaus: stiftung-deutschhaus.it
Multschermuseum: geöffnet von 1. April–31. Oktober, Dienstag bis Samstag 9.30–12.30 und 14–18 Uhr

39

FRANZENSFESTE – BASTION IM EISACKTAL

OHNE FEIND ZUM LANDESMUSEUM

Hundertmal daran vorbeigefahren und noch nie angehalten? Das lässt sich ändern! Die beeindruckende Franzensfeste, eine der mächtigsten Wehranlagen des ganzen Alpenraums, lohnt eine Abfahrt von der Brennerautobahn. Statt Munition gibt es heute viel Kunst im Labyrinth dieses kuriosen Gebäudekomplexes.

Entlang der Brennerstraße, am Franzensfester Stausees, versperrt eine riesige Festung das Eisacktal. Der Verteidigungsbau Franzensfeste besteht aus mehreren Gebäudekomplexen, die auf unterschiedlicher Höhe das gesamte Tal bewachen. Mehrere Mauerringe sichern das gigantische Bauwerk. Mit zahlreichen, zum Teil unterirdischen Gängen, Treppen und Verbindungsbrücken ist es ein einziges Labyrinth. Die Bauarbeiten an der 20 Hektar großen Anlage begannen 1833 unter Kaiser Ferdinand I. und dauerten fünf Jahre. Zu Ehren seines Vaters Kaiser Franz I. von Österreich, der die Anlage von General Franz von Scholl planen ließ, nannte man sie Franzensfeste. Ihre Aufgabe bestand darin, die Straße zwischen dem aus Innsbruck kommenden Wipptal über den Brenner ins Eisacktal zu sichern. Zu gut hatte man das Eindringen der napoleonischen Truppen unter General Lefèbre 1809 noch im Gedächtnis. Glücklicherweise wurde die Franzensfeste nie in kriegerische Auseinandersetzungen verwickelt, weder im Ersten noch im Zweiten Weltkrieg, auch wenn unter dem faschistischen italienischen Regime die Bunkeranlagen noch einmal verstärkt wurden. So gerüstet nutzte man die Anlage zum Ende des Zweiten Weltkriegs als Depot für Raubgüter – darunter die legendären Goldreserven der Banca d'Italia. Im Mai 1945, als die Amerikaner der 85. Division die Franzensfeste durchsuchten, fanden sie in unauffälligen Holzkisten 24 Tonnen Gold eingelagert, insgesamt 250 Millionen Dollar. Das war aber nur ein Teil des Goldes, das man hier vermutete. Um die italienischen Goldbestände, die man teilweise an anderen Orten gefunden hat, spinnen sich viele Legenden. Das macht den Besuch der Festung umso spannender. Bis 2003 war das Areal militärisches Sperrgebiet und diente als Kaserne. Jetzt gehört es der Provinz Südtirol, die es in ein Landesmuseum umwandelte.

Viel Platz für Kunst statt Waffen

Wurden zuvor in den Räumen Waffen und Munition gelagert, so ist die Franzensfeste heute ein riesiges Kunstareal. Hier finden Kunstbiennalen statt und es gibt wechselnde Ausstellungen mit zeitgenössischer Kunst. Vor allem aber ist die Festung heute ein Ort der Begegnung. Seit einigen Jahren gibt es eine weitere Dauerausstellung und einen Informationspunkt zum Großbauprojekt Brenner-Basistunnel in der Franzensfeste. Führungen werden täglich von Mai bis Oktober um 11 Uhr und um 15 Uhr angeboten. Sie dauern in der Regel 1,5 Stunden. Festes Schuhwerk ist angebracht, denn es geht in der unübersichtlichen Anlage der Franzensfeste viele Treppen rauf und wieder runter.

INFO

PARADIES AM VAHRNER SEE

Etwas südlich der Franzensfeste liegt der Vahrner See: ein herrliches Biotop umgeben von Schilfröhricht und verlandetem, aber immer noch sehr feuchtem alten Seegrund. Im See durfte man noch bis vor einigen Jahren baden und an seinem Nordende gibt es noch eine schöne Liegewiese. Zurzeit ist der See jedoch für alle Badenden gesperrt, denn man vermutet militärische Altlasten im Wasser, die zuerst einmal aufwendig beseitigt werden müssen. Besuchen darf man den Vahrner See trotzdem, mit dem großen Vorteil, dass es jetzt deutlich ruhiger dort ist. So kann man Libellen, Frösche, Kröten, Salamander und Molche fast allein beobachten. Von Brixen aus führt der Themenweg »Geschichtsparcours« über die Ortschaft Vahrn und den Vahrner See zur Franzensfeste – eine Wanderung von knapp 13 Kilometern Länge, bei der man viele geschichtsträchtige Orte besuchen kann. Zurück nach Brixen kommt man mit der Bahn.

WEITERE INFORMATIONEN

Touristinfo: brixen.org
Franzensfeste: geöffnet März, April und November von Dienstag bis Sonntag 10–16 Uhr, von Mai bis Oktober von Dienstag bis Sonntag 10–18 Uhr; im Winter geschlossen (Info: franzensfeste.info)

↖ Von der unteren Festung blickt man auf das enge Eisacktal und den Stausee.
↑ Dunkel sind manche Gänge und Kammern, denn sie führen mitten durch den Fels.

40

LÜSNER ALM – WO WOLLGRAS IM HOCHMOOR WOGT

ES MUSS NICHT IMMER SEISER ALM SEIN

Ein Meer aus kunterbunten Blüten, sanft geschwungene Wiesenkuppen, dazu beste Aussicht auf Plose und Peitlerkofel: So prägt sich die Lüsner Alm unvergesslich in unsere Erinnerung ein. Dabei sorgt die Mischung von stiller Naturidylle, Almgasthäusern und dem künstlerisch gestalteten »Schöpfungsweg« für perfekten Wandergenuss.

Der Ort Lüsen liegt in einem Seitental östlich von Brixen. Eingerahmt von der Plose, dem Naturpark Puez-Geisler und der Lüsner Alm ist Lüsen ein idealer Ausgangspunkt für alle, die Ruhe und Erholung suchen. Besonders im Sommer ist die Lüsner Alm ein Wanderparadies. Aber auch im Herbst, wenn die Heidelbeerbüsche sich rötlich färben, oder im Winter, wenn die Wanderwege gespurt sind, lohnt sich der Besuch. Die weite Almfläche oberhalb von Lüsen knackt die 2000-Höhenmeter-Marke. Sie zählt zu den größten Almgebieten Südtirols, wobei man genau genommen die Rodenecker Alm dazuzählen muss. Allein die Einheimischen wissen, wo genau die Grenzen verlaufen, Urlauber sehen nur ein einziges, zusammenhängendes Almengebiet. Von mehreren Parkplätzen aus kann man zu Wanderungen über die Hochebene starten. Am bekanntesten ist der Zumis-Parkplatz, den man auch von Rodeneck aus erreicht. Stiller, einsamer und genussvoller steigt man vom Parkplatz Herol auf, den man auf einer kleinen Bergstraße von Lüsen aus erreicht. Die Auffahrt ist gut zu meistern, aber ein wenig abenteuerlich.

Eintauchen ins Almwiesenglück

Wir starten am Wanderparkplatz Herol und folgen dem Weg Nr. 3 zur Lüsner Alm aufwärts. Der Forstweg lässt sich über einen Wanderpfad abkürzen. Rasch haben wir den ersten Teil des Aufstiegs schon geschafft und sinken am Rand einer Wiese zum Verschnaufen auf eine Rastliege. Ein echter Geheimtipp, denn am Tulper Gampis, so nennt sich dieser lauschige Platz, ist kaum jemand unterwegs. Außerdem bietet sich hier eine grandiose Sicht auf den Peitlerkofel (2875 m). Wir haben bald den Rand der Hochebene der Lüsner Alm erreicht und folgen dem ansteigenden Weg, bis wir schließlich auf den Hauptweg mit der Markierung Nr. 2 treffen und nach rechts weitergehen. Für eine Einkehr haben wir nun die Wahl zwischen der Starkenfeldhütte und der Rastnerhütte. Die Starkenfeldhütte punktet mit moderner Architektur und der schöneren Aussicht. Wir haben uns jedoch für die urigere Rastnerhütte entschieden, die windgeschützt in einer Mulde liegt. Von der Rastnerhütte aus führt der Weg Richtung Westen weiter. Unweit der Kapelle Pianer Kreuz treffen wir dann wieder auf den Hauptweg. Von dort können wir entweder links zurückgehen und über den Hinweg absteigen oder rechts dem »Schöpfungsweg« für einen Abstecher zur Roner Alm folgen. Hier sind sicherlich wieder etwas mehr Wanderer unterwegs. Aber der Abstieg über den Aufstiegsweg gehört uns dann wieder fast allein.

INFO

BRIXEN UND SEINE HOFBURG

Von Lüsen aus erreicht man Brixen rasch und einfach mit dem Auto oder dem Bus. Brixen und seine Altstadt sind gut bekannt. Aber ein heißer Tipp ist der Besuch der Hofburg. Sie liegt nicht weit vom Brixener Dom entfernt und ist zum Teil von Gärten und einem Wassergraben umgeben. Der ruhige Innenhof mit den dreigeschossigen Renaissanceloggien und den Terrakottafiguren des Bildhauers Hans Reichle (1565/70–1642) zeugt von der Pracht, mit der sich Renaissancefürsten umgaben. In der Hofburg ist das Diözesanmuseum mit seiner wertvollen Sammlung sakraler Kunst untergebracht. Auf keinen Fall darf man hier die Krippensammlung übersehen. In zahlreichen Vitrinen sind neben der Weihnachtsgeschichte noch weit mehr Szenen aus der Bibel äußerst fantasievoll dargestellt.

WEITERE INFORMATIONEN

Touristinfo: luesen.com
Wanderung zur Lüsner Alm:
Ausgangspunkt: Lüsen, Parkplatz Herol (1644 m)
GPS: 46.761745, 11.760162
10 Kilometer, ca. 3 Stunden, 350 Höhenmeter

↑ Die Rastnerhütte auf der Rodenecker Alm
← Sommer in Lüsen: In einen bunten Teppich aus Blumen und Kräutern verwandeln sich ab Juni die Almwiesen.

41

KASSIANSPITZE – WALLFAHRT ZUM SCHWARZEN HERRGOTT

HÖCHSTE PILGERSTÄTTE SÜDTIROLS

Es ist ein erhabenes Gefühl, auf dem Gipfel der Kassianspitze zu stehen. Dieser Berg bietet alles, was man für eine Bergtour »all-inclusive« braucht. Die Aussicht ist fantastisch, es gibt einen kristallklaren Bergsee, Hütten zum Einkehren, weite Almwiesen und überdies die höchstgelegene Wallfahrtskirche in Südtirol, bei der man dem Himmel ein Stückchen näher kommen kann.

Das Kirchlein am Latzfonser Kreuz entstand durch eine Wallfahrt, als um 1700 drei Sommer lang Unwetter die Ernte im Tal zerstörten. Der Latzfonser Dorfpfarrer vermutete dahinter den Zorn Gottes, weil seine Dörfler irgendwo ein Christusbild vernachlässigt hätten. Er ließ danach suchen, und schließlich fand man in einem Winkel der kleinen Totenkapelle tatsächlich ein vergessenes Kreuz – so alt, dass die Christusfigur schwarz darauf war. Dieses Kreuz schleppten die Latzfonser hoch auf den Berg, um den Himmel gnädig zu stimmen. Der Legende nach soll der Schwarze Herrgott über die ersten Standorte am Berg aber nicht einverstanden gewesen sein. Dreimal schüttelte sich der Kopf der Holzfigur und zeigte so den Unmut über den ausgewählten Platz an. Das Kreuz blieb erst ganz oben unter der Kassianspitze still. Dies war der richtige Platz für den Bau einer Kapelle. Der Ort ist tatsächlich magisch und zieht Pilger und Wanderer bis heute an. Dazu wird das Gnadenbild im Gedenken an die erste Aufstellung alljährlich im Juni in einer Prozession von Latzfons auf den Berg gebracht. Im Winter darf der Schwarze Herrgott dann wieder ins Tal.

Ohne Fußmarsch wird das nichts!

Vom Wanderparkplatz Kasereck aus folgen wir dem Weg Nr. 15 bergauf zum Latzfonser Kreuz. Schnell erreicht man die Baumgrenze. Das Gelände wird etwas flacher und der schöne Almweg windet sich über weite Almwiesen in einem sanften Bogen aufwärts. Nach etwa einer Stunde stoßen wir auf den Europäischen Fernwanderweg E 10, dem wir nach rechts folgen. Schon hier ist die Aussicht über das Eisacktal nach Osten auf die Bergkette der Dolomiten grandios. Bald treffen wir auf ein Wegkreuz, das sogenannte Kesselbild. Vor uns liegt nun auch die kleine Wallfahrtskirche Latzfonser Kreuz. Ein Besuch des Kirchleins steht auf dem Programm, dann lockt die Hütte gleich nebenan mit Südtiroler Spezialitäten. Um auf die Kassianspitze zu kommen, geht es weitere 50 Minuten bergauf. Dazu folgen wir dem zunächst breiteren Almweg Richtung Westen und biegen dann rechts auf den Weg Nr. 9 zur Kassianspitze ab. Auf dem steinigen Pfad geht es steil bergauf, und so ganz ohne jeden Schatten im steinigen Gelände wird es ordentlich heiß. Nach dem ersten Anstieg gönnen wir uns am dunkelblauen Kassiansee eine kleine Verschnaufpause. Vor uns sehen wir schon über den schroffen Felsen das Gipfelkreuz, das wir nun im letzten Anstieg erklimmen. Oben erwartet uns eine fantastische Aussicht. Im Osten liegt die Dolomitenkette vor uns ausgebreitet. Nach Westen hin erstrecken sich die zahlreichen Gipfel der Sarntaler Alpen und am Horizont ist der schneebedeckte

→ An der Wallfahrtskirche Latzfonser Kreuz: Unten liegt das Eisacktal und darüber die bizarre Silhouette der Dolomitengipfel.

Ortler leicht auszumachen. Zum Glück gibt es hier oben eine Panoramakarte, denn die Beschreibung der einzelnen Gipfel würde an dieser Stelle jeden Rahmen sprengen. Der Abstieg erfolgt auf dem Hinweg, was keineswegs für Langeweile sorgt, denn wir haben die wunderbare Aussicht immer im Blick. Spätestens jetzt ist es Zeit für eine Einkehr in der Hütte und nicht zu vergessen für eine kurze Andacht in der Wallfahrtskirche, denn in Zeiten des Klimawandels schadet es nicht, alle Möglichkeiten für ein gedeihliches Wetter auszuschöpfen.

Lust auf mehr?

Wer von der Aussicht und von den weiten Almwiesen einfach nicht genug bekommen kann, dehnt die Wanderung über die Villanderer Alm aus. Dafür wandert man wie auf dem Hinweg zunächst vom Latzfonser Kirchlein zurück bis zu der Stelle, an der man auf den Fernwanderweg E 10 stößt. Jetzt geht es nicht links zurück zum Parkplatz Kasereck, sondern geradeaus weiter auf dem Fernwanderweg E 10. Wir wandern über die Villander Alm, die sich je nach Jahreszeit in bunt blühende Wiesen oder gelbes Steppengras verwandelt. Gut eine Stunde lang folgen wir der Beschilderung in Richtung Rittner Horn, das sich ziemlich genau im Süden vor uns erhebt. Wir sind jenseits der Baumgrenze und genießen die Sonne. Nur an wenigen Stellen haben es hier ein paar niedrige, knorrige Latschenkiefern geschafft, sich gegen die widrigen Witterungsverhältnisse zu behaupten, die hier oben auf über 2000 Metern Höhe herrschen. Die Aussicht, vor allem nach Osten hin, ist weit und eindrucksvoll. Man erkennt schnell ein paar der herausragenden Dolomitengipfel. Der Schlern sowie Platt- und Langkofel zeigen die Seiseralm an, der mächtige Sellastock, der im oberen Teil wie abgefräst aussieht, ist leicht zu finden. Links davon sehen wir die Geißlerspitzen im Villnößtal und den gewaltigen Peitlerkogel. Nach Süden hin schließt sich nach dem Rosengarten das Weißhorn an, das seinem Namen alle Ehre macht. Wer eine eigene Brotzeit mitgebracht hat, der findet wohl kaum einen schöneren Rastplatz als hier. Wer zum Pausieren lieber einkehren möchte, kann die Stöfflhütte besuchen. Dafür folgen wir der Beschilderung nach links.

Um unsere Wanderung abzuschließen, geht es dann von der Stöfflhütte aus einfach auf der Almstraße über die Schaukäserei Jochalm hinunter. Sie ist die letzte Einkehrmöglichkeit auf unserer Tour, denn bald schon sind wir wieder zurück zum Ausgangspunkt am Parkplatz Kasereck gewandert.

→ Die Villanderer Alm ist groß und weitläufig. Im Blick hat man stets eine grandiose Gipfelkulisse.
↖ Direkt unter dem Gipfel der Kassianspitze (2581 m) liegt in einer Senke der Kassiansee.
← Auf zur Kassianspitze: Jenseits der Baumgrenze wandert man mit bester Aussicht zum Gipfel.

INFO

LATZFONS KULINARISCH

Latzfons liegt auf einem sonnigen Plateau oberhalb des Eisacktals und punktet mit seiner Lage. Man wacht in Latzfons mit Blick auf die Geislerspitzen auf, erlebt Ruhe und Erholung, ist mitten in der Natur und schnell in luftigen Höhen. Ebenso schnell erreicht man das quirlige Klausen und Brixen. In Latzfons ist die Einkehr im Gasthaus Weisses Kreuz direkt an der Latzfonser Hauptstraße ein echter Tipp: Spinat-Schlutzkrapfen mit Butterschmalz, Rote-Bete-Gnocchi, Speckknödel aus Buchweizen mit Krautsalat, Nudeln mit Wildragout und Latschenkiefernsauce oder mediterrane Kartoffeltaschen mit einer Füllung aus Spargel, Oktopus und Garnelen. Da jubiliert die Feinschmeckerzunge. Dabei ist das Gasthaus völlig bodenständig. Wer zum Nachtisch einmal den hausgemachten Apfelstrudel probiert hat, der wird immer wieder hierherkommen.

WEITERE INFORMATIONEN

Touristinfo: klausen.it
Ausgangspunkt für die Wanderung zur Kassianspitze:
Parkplatz Kasereck bei Latzfons
GPS: 46.675 423, 11.499856
10,5 Kilometer, 4 Stunden, 750 Höhenmeter
Die Auffahrt auf der kleinen Bergstraße mit dem Pkw ist etwas abenteuerlich.
Wichtig: feste Bergschuhe anziehen!

Ein original Südtiroler Apfelstrudel schmeckt immer.

42

KLOSTER SÄBEN – DER HEILIGE HÜGEL ÜBER KLAUSEN

DIE GOTTESBURG

Über dem Städtchen Klausen ragt ein mächtiger Felsen aus Dioritgestein empor. Von dort wacht ein riesiger Gebäudekomplex über das Eisacktal. Trutzig, mit Zinnen und dicken Mauern befestigt, denkt man sofort an eine Burg. Wäre da nicht der Kirchturm und das große aufgemalte Kreuz, das weit über Tal sichtbar ist. Und so stellt sich die wehrhafte Bastion auf dem Berg als uraltes Kloster heraus.

Genau genommen thront Kloster Säben mit seiner Wallfahrtskirche, einst Sabiona genannt, auf dem Heiligen Hügel, wie der Säbener Berg im Volksmund heißt. Man nimmt an, dass der Berghügel schon seit der Jungsteinzeit, also vor über 6000 Jahren, besiedelt war.

Ins hellere Licht der Geschichte tritt Säben jedoch erst um 350 nach Christus. Aus dieser Zeit stammen Reste einer frühchristlichen Kirche und die Grundmauern einiger Wohnhäuser, die man erst vor 30 Jahren entdeckt hat. Etwa 200 Jahre nach dieser Zeit wurde Säben zum Bischofssitz erhoben. Das war ungewöhnlich, denn den kirchlichen Vorschriften nach sollten nur an größeren Orten Bischofssitze errichtet werden. Warum man in Säben eine Ausnahme machte, ist ungeklärt. Es ist denkbar, dass die sichere Lage hoch über der Eisack für die Ortswahl entscheidend war. Um die Jahrtausendwende verlegte Bischof Albuin seine Residenz nach Brixen. In Säben verwalteten darauf 500 Jahre Burghauptleute die weltlichen Güter der Diözese, bis 1533 ein Feuer die alten Klostermauern fast völlig einäscherte. Rund 150 Jahre lang blieb Säben eine Ruine.

Vier Kirchen und jede Menge alte Gemäuer

Erst Ende des 17. Jahrhunderts gelang es Pfarrer Matthias Jenner aus Klausen nach vielen Widerständen, in Säben ein Benediktinerinnenkloster zu errichten, das über alle schwierigen Zeiten hinweg bis heute Bestand hat. Viel verändert hat sich seitdem auf dem Klosterhügel nicht. Noch immer leben hier Nonnen nach der Regel des heiligen Benedikt »ora et labora« (»bete und arbeite«). Deshalb kann man das Kloster auch nicht besichtigen, aber die Kirchen im Kloster, insgesamt vier an der Zahl, sind als Andachtsorte frei zugänglich.

Wenn man von Klausen über den Kreuzweg zum Kloster Säben aufsteigt, wandert man zunächst an steilen Weinbergen vorbei. Hier wächst die Grundlage für den Sabiona, einen Sylvanerwein, der weit über alle Grenzen bekannt ist. Betritt man die Kosteranlage, dann trifft man zuerst auf die Liebfrauenkirche. Sie wurde im Jahr 1652 als Votivkirche von den Bürgern aus Klausen erbaut, als Dank an die Gottesmutter, da der Ort von der Pest verschont geblieben ist. Am Hochaltar und an den Seitenwänden sind die wichtigsten Bischöfe aus der Geschichte der Diözese verewigt: Kassian, Ingenuin, Hartmann und Albuin. Das Taufbecken im Nebenraum ist eines der ältesten Zeugnisse des jungen Christentums in den Alpen. Es stammt aus der zweiten Hälfte des 4. Jahrhunderts.

→ Die gewaltige Anlage von Kloster Säben mit den Weinbergen, in denen die Trauben für einen edlen Sylvaner gedeihen

Unmittelbar neben der Liebfrauenkirche steht die Gnadenkapelle mit einem hervorragend restaurierten neugotischen Altar. Er birgt das Gnadenbild von 1500, eine Muttergottes, die dem Jesuskind eine Birne reicht. Aus Sicherheitsgründen hat man das Original gegen eine Kopie ausgetauscht.

Wandert man die lange Klostermauer entlang, erreicht man über einen Durchgang den Außenhof des Klosters und die eigentliche Klosterkirche. Der einfache Bau ist unmittelbar nach der Ordensgründung entstanden. Beeindruckend ist das aufwendige Gitter aus Schmiedeeisen, das den Gebetsraum der Benediktinerinnen vom allgemein zugänglichen Kirchenraum trennt. Über Treppen gelangt man zur Heilig-Kreuz-Kirche und erlebt eine Überraschung: Der gesamte Innenraum ist mit Illusionsmalereien bedeckt, die dem Besucher weite Räume und hohe, von Pfeilern getragene Gewölbe vorspiegeln. Ein Marmorstein im Fußboden markiert das Grab des heiligen Ingenuin, der der erste Bischof von Säben war. Im Nordosten der Kreuzkirche steht der alte Kassiansturm, der Bergfried aus gotischer Zeit.

Von der Aussichtskanzel gesehen

Vor dem Bergfried findet man eine kleine Aussichtskanzel, die einen weiten Blick über das ganze Eisacktal erlaubt. Sogar die ersten Spitzen der Geißlergruppe in den Dolomiten sind zu erkennen. Ein wunderbarer Platz, direkt unter dem meterhohen aufgemalten Kreuz, das man vom Tal aus sehen kann. Über genau diesen Platz schrieb Hans Christian Andersen 1839 in seinem *Bilderbuch ohne Bilder*. In diesem Buch erzählt der Mond am 23. Abend Folgendes: »Ich sah auf Tirol herab«, sagte der Mond, »ich ließ die dunkeln Fichten tiefe Schlagschatten auf die Felsen werfen. [...] Hoch an dem Bergabhange hängt wie ein Schwalbennest ein einsames Nonnenkloster; zwei Schwestern standen droben im Turme und läuteten; sie waren beide jung und deshalb flog ihr Blick hin über die Berge, hinaus in die Welt.« Eine wunderbare und zugleich wehmütige Schilderung des Klosters, das der dänische Märchenerzähler bestimmt auf einer seiner Italienreisen vor Augen hatte.

Über den Keschtnweg

Außer dem direkten Aufstieg von Klausen aus, für den man bis zu 45 Minuten Wegzeit rechnen muss, kann man sich dem Kloster auch von der Rückseite annähern. Das Kloster liegt auf dem bekannten Keschtnweg (Kastanienweg), der mit einer Gesamtlänge von über 60 Kilometern als Mehrtageswanderung von Kloster Neustift bei Brixen bis Bozen führt. Dabei lassen sich kürzere Teilstrecken, zum Beispiel von Feldthurns nach Säben, bewältigen. Das letzte Stück zum Kloster steigt man vom Weiler Pardel ab und wandert über eine Brücke von der Nordostseite zum Kloster. Umso überraschender sind dann die Aussicht und der fast senkrecht abfallende Felsen ins Tal.

↗ Die Kapelle St. Josef beim Moar zu Viersch liegt am bekannten Keschtnweg (Kastanienweg).
↖ Kastanienbäume wachsen zahlreich auf den sonnigen Hängen des Eisacktals.
← Illusionistische Malerei: So stellten sich Künstler den Weg zur Kreuzigung nach Golgatha vor.

INFO

KLAUSEN UND SEINE SCHÄTZE

Das mittelalterliche Städtchen Klausen punktet mit der Burg Branzoll, einer langen, malerischen und verkehrsberuhigten Hauptstraße, schönen Läden, einem interessanten Stadtmuseum und einigen wirklich guten Restaurants. Das Gasslbräu in der Gerbergasse 18 zum Beispiel braut sein eigenes Bier, und im Torgglkeller Schmuckhof im Tinneweg 7 sitzt man urgemütlich im Innenhof oder in riesigen Weinfässern. Zum Essen gibt es Holzofenpizzen oder Südtiroler Spezialitäten wie Spinat-Schupfnudeln, Speckknödel oder Schlutzkrapfen. Wer jetzt noch einen edlen Tropfen für zu Hause sucht, fährt zur Eisacktaler Kellerei nördlich der Stadt an der alten Brennerstraße. Dort bekommt man auch den edlen Sabiona, dessen sonnenverwöhnte Trauben auf dem Felsen von Kloster Säben gedeihen. Es ist allerdings gar nicht so einfach, eine der Flaschen aus der streng limitierten Auflage von etwa 3000 Flaschen pro Sorte zu ergattern.

WEITERE INFORMATIONEN

Touristinfo: klausen.it
Die Kirchen von Kloster Säben sind von 8–17 oder 8–18 Uhr geöffnet; während der Gottesdienste sind keine Besichtigungen möglich.
Restaurants:
schmuckhof.it., gassl-braeu.it
Kellerei Eisacktal: kellerei-eisacktal.it, geöffnet Mo–Fr 9–13 und 14–18 Uhr, Sa 9–13 Uhr

Malerische Gasse in Klausen

43

BAD DREIKIRCHEN – KUREN UND KULTUR RUND UM BARBIAN

BAUERNBAD, DREI KIRCHEN UND KRÄUTER

Am Fuße des Rittens, dem weitläufigen Bergrücken im Südosten der Sarntaler Alpen, verstecken sich drei zusammengebaute alte Kirchen. Wozu brauchte man, bei aller Südtiroler Frömmigkeit, gleich drei Kirchen, auch wenn sie noch so klein sind? Der Verdacht auf ein uraltes, vorchristliches Heiligtum drängt sich auf. Doch heute weiß keiner mehr, wer ursprünglich an diesem Ort angebetet wurde.

Die drei Gotteshäuser, um die es hier geht, stehen in Bad Dreikirchen oberhalb der Ortschaft Barbian. Neuere Forschungen haben längst bestätigt, dass frühe christliche Missionare der Einfachheit halber alte heidnische Kultplätze kurzerhand zu christlichen umfunktionierten. Ganz in der Nähe von den drei Kirchlein entspringen drei Quellen, deren Wasser man heute noch Heilkraft zuschreibt. So wäre die Verehrung von Quellgöttern plausibel, die dem alten Glauben nach immer weiblich waren und zu dritt in den Quellen gewohnt haben. Nimmt man an, dass jede dieser Göttinnen in einem eigenen Tempel verehrt wurde, was an anderen Orten nachgewiesen ist, so wären die drei Kirchenbauten durchaus verständlich. Die Menschen zur Zeit der Christianisierung, wann immer das auch gewesen ist, waren zwar getauft, aber die uralten Praktiken der Götterverehrung lebten noch viele Jahrhunderte lang in den Köpfen der Bevölkerung fort. So bauten die Menschen sicherheitshalber einmal drei Kirchen für je einen Heiligen oder eine der Gottheiten – sicher ist sicher.

Dreikirchen und das Bauernbad

Die drei Kirchen, die in ihrer heutigen Form zwischen 1237 und 1422 erbaut wurden, sind dem heiligen Nikolaus, der heiligen Gertraud und der heiligen Magdalena geweiht, die als Schutzpatrone für das Reisen und für weite Wege gelten. Das passte durchaus zu der Lage des Ortes, denn an ihm vorbei führte früher eine viel genutzte Straße von Sterzing nach Bozen. Das Eisacktal mit seinen Überschwemmungen war damals unpassierbar. Unmittelbar neben den drei Kirchen stehen zwei Gasthäuser. Eines ist der Messnerhof, der sich um die drei Kirchen kümmert. Bei dem anderen handelt sich um das Traditionsgasthaus und Hotel Bad Dreikirchen. Dieses Gasthaus geht auf ein uraltes Bauernbad zurück, dessen Grundmauern zu Beginn des 14. Jahrhunderts gesetzt wurden. In diesem »Bauernbadl« nutzte man die Heilkraft der drei Quellen, die schon seit Urzeiten verehrt worden waren. Das Wissen darüber war in der Bevölkerung über alle Zeiten hinweg nie in Vergessenheit geraten. Um die Wende des 20. Jahrhunderts wurde das Hotel mit seinem Bad ein richtiger Kurbetrieb, den zahlreiche Sommerfrischler besuchten. Das war vor allem die Oberschicht aus Bozen, die im Sommer in die Berge zog, um der brütenden Hitze im Tal zu entkommen. In dieser Zeit, genau genommen 1908, wohnte auch der Dichter und Schriftsteller Christian Morgenstern hier, wohl in der Hoffnung, an diesem Ort von seiner Tuberkulose geheilt zu werden. Das erfüllte sich nicht, aber er lernte dort seine Frau Margareta kennen, die er zwei Jahre später in Meran heiratete.

→ Dreikirchen ist ein uralter Kultplatz, der seine Anziehungskraft bis heute nicht verloren hat.

Nach langer Renovierung präsentiert sich das Hotel in neuem Glanz. Auf das modernste eingerichtet, hat man die Tradition aber nicht aus dem Blick verloren. Das Mobiliar könnte aus einer Südtiroler Bauernstube stammen: uralte Dielenböden und Holzvertäfelung an den Wänden. Gleichzeitig gibt es bequeme Loungesessel, Hängelampen und ein großes Außenschwimmbad. Das Restaurant steht auch Wanderern offen. Hier werden die Gäste mit typischen Südtiroler Gerichten verwöhnt, die wir so sehr schätzen.

Hierher kommt man nur zu Fuß

Die Dreikirchen und das Bauernbad kann man nur zu Fuß erreichen. Dafür startet man im Dorfzentrum von Barbian und wandert an der Jakobskirche vorbei auf der Dorfstraße Richtung Norden. Ihre Verlängerung ist die Rosengartenstraße, aber gleich in der Höhe der Grundschule halten wir uns links und folgen der kleineren Straße, die mit »Dreikirchen/Trimm-dich-Pfad« beschildert ist. Noch geht es zwischen Häusern aufwärts, dann beginnt in der Serpentinenkurve rechts ein Feldweg, der aufwendig mit runden Bachkugeln gepflastert wurde. Links von uns steht hinter einem Zaun ein alter Kastanienhain, einer von vielen, denen wir auf unserer Wanderung begegnen werden. Die Gegend um Barbian ist bekannt für ihre Maronen, die Esskastanien, die man hier »Keschtn« nennt. Wir erreichen einen lichten Föhrenwald und queren eine Teerstraße. Stets dem Weg Nr. 11 (Trimm-dich-Pfad) folgend, passieren wir den Sportplatz und wandern weiter leicht bergauf im Wald. Kurz darauf mündet unser Weg in einer Zufahrtsstraße, der wir ein Stück nach links folgen, nur um gleich wieder auf einen Wanderweg zu wechseln. Noch einmal queren wir die Straße, dann sehen wir vor uns schon das Hotel Bad Dreikirchen, dahinter die mit Holzschindeln bedeckten Kirchen und das Gasthaus Messnerhof. Dorthin ist es nur noch ein Katzensprung. Falls die Kirchen abgesperrt sind, kann man den Schlüssel im Messnerhof holen, um sich die mittelalterlichen Kirchen in aller Ruhe anzusehen. Wer gar keine Lust auf kunsthistorische Besichtigungen hat, dem steht zumindest auf der Westseite eine Gitteröffnung zur Verfügung, durch die man einen Blick ins Innere erhaschen kann. Alternativ zum Rückweg über den Hinweg wählen wir den Wanderpfad, der links vom Hotel beginnt. Rasch geht man am Swimmingpool vorbei abwärts. Nach einem einsamen Hof erreichen wir im Wald an der ehemaligen Lafayer Mühle die Brücke über den Pframbach. Nun sind wir wieder auf einem Sträßchen unterwegs, das bald darauf in eine größere asphaltierte Straße übergeht. Auf ihr wandern wir nach rechts, genießen die schönen Ausblicke auf das Eisacktal und die dahinter aufsteigenden Gipfel der Dolomiten. Unbeirrt der Straße folgend, entdecken wir dann den Kräutergarten und die Anbaufelder des Kräuterhofs »Oberpalwitterhof Kreitla«. Im Hofladen kann man sich mit Tee, Kräutersalz, Cremes oder Kräuteraufgüssen eindecken. Wir müssen die Einkäufe nicht lange tragen: Nach Barbian ist es nicht mehr weit.

↗ Gasthaus und Hotel Bauernbad mit Dreikirchen
↖ Duftorgien kann man in den Kräutergärten des Oberpalwitterhofs erleben.
← Jede der Kapellen ist besonders: Der Altarraum von St. Gertraud ist mit sehenswerten Wandmalereien ausgeschmückt.

INFO

BARBIANER WASSERFALL

Von Barbian aus lässt sich ein weiterer Secret Place auf einer kleinen Wanderung besuchen: der Barbianer Wasserfall, ein feuchtfröhliches Vergnügen. Der Wasserfall entsteht durch den Ganterbach. Insgesamt hat dieser zwar nur eine Länge von sechs Kilometern, doch der Wildbach muss dabei 1510 Höhenmeter überwinden, bis er bei Kollmann in die Eisack fließt. So sprudelt, schäumt und stürzt sich der Barbianer Ganterbach über mehrere Felskaskaden in die Tiefe. Ein herrliches Naturschauspiel, das besonders an warmen Tagen seinen Reiz hat. Das Wasser spritzt in alle Himmelsrichtungen und die Luft ist voller kleinster Wassertröpfchen. Gerade dieser Effekt sorgt am Wasserfall für ein Heilklima, das Lunge und Atemwege vitalisiert und vor allem Asthmatikern und Allergikern wohltut.

WEITERE INFORMATIONEN

Touristinfo: klausen.it
Gasthof Bad Dreikirchen: baddreikirchen.it
Kräuterhof Oberpalwitter: oberpalwitterhof.com; geöffnet von Mai bis November von Dienstag bis Freitag 9.30–11.30 Uhr und am Donnerstag 15–17 Uhr

Besonders im Frühjahr zur Schneeschmelze rauscht der Barbianer Wasserfall gewaltig.

Erdpyramiden bilden sich an mehreren Stellen in Südtirol, so auch bei Terenten oder bei Percha (siehe Tour 46).

PUSTERTAL

Das Pustertal führt nach Osten und ist bekannt für seine Seitentäler und die Hauptstadt Bruneck.

44

ALMDORF FANE – MILCHSTEIG UND TOBENDE WASSER

HISTORISCHES KULTURGUT IM VALSER TAL

Das Almdorf Fane im Valser Tal ist im Sommer ein durchaus beliebtes Ausflugsziel. Man fährt mit einem Shuttlebus hinauf nach Fane und bewundert die urigen Almhütten. In einer der Hütten kann man gemütlich einkehren. Wer es ein wenig einsamer möchte, der unternimmt in der Umgebung eine schöne, einfache Wanderung, zum Beispiel zur Brixner Hütte.

Das romantische Almdorf Fane im oberen Valser Tal erreicht man gemütlich mit einem Shuttlebus von der Kurzkofelhütte aus. Das Dorf besitzt einen besonderen Zauber. Es besteht aus schindelbedeckten Wohn- und Heuhütten, einer kleinen Kirche und drei Almschenken. Entstanden ist Fane im Mittelalter als Lazarett für Pest- und Cholerakranke. Heute weiden über 300 Kühe im Sommer auf der Alm, die köstliche Milch geben. Diese wird auf der Alm gleich zu Käse verarbeitet, den man direkt hier oben verkosten kann. Rings um das Dorf dominieren Berge mit steilen grünen Grashängen. Außerhalb des Allgäus sind uns diese nur hier in den Pfunderer Bergen begegnet.

Auf dem Milchsteig hinauf zum Almdorf

Von der Kurzkofelhütte im Valser Tal aus kann man das Almdorf Fane zu Fuß auf dem Milchsteig erreichen. Der Weg ist mittelschwer und verläuft abseits der Almstraße, die wir zweimal kreuzen. Auf diesem Wanderweg erfahren wir viel Interessantes und Wissenswertes über die Südtiroler Milch und Milchwirtschaft. Für den Anstieg bis zum Almdorf benötigen wir etwa 1,5 Stunden. Zurück kann man auch gemütlich mit dem Shuttlebus fahren.

Weiter zur Brixner Hütte

Vom Almdorf Fane aus wandern wir zur Brixner Hütte, die vom Südtiroler Alpenverein betrieben wird. Nach dem Almdorf folgen wir dazu dem Weg Nr. 17, der durch die schöne Landschaft in nördlicher Richtung zur Valler Schramme führt. Hier hat sich das Wasser tief in die Schlucht eingefressen, doch der Weg verläuft gefahrlos hoch oberhalb der tosenden Wassermassen in der Schlucht. Wenig später öffnet sich das Gelände wieder. Das Tal weitet sich und wir gelangen zu einer Wegteilung. Hier folgen wir dem geradeaus führenden Weg, der uns zur unbewirtschafteten Pfannalm bringt. Wir überqueren den Bach und gehen auf der rechten Seite des Bachlaufs auf leicht ansteigendem Weg bis zur Brixner Hütte. Von der Hüttenterrasse aus lässt sich die Bergwelt der Pfunderer Berge ganz in Ruhe bestaunen. Dazu lassen wir uns mit Südtiroler Gerichten verwöhnen. Die erste Hütte stand bereits im Jahre 1909 an dieser Stelle, der heutige Hüttenbau stammt aus dem Jahr 1973. Die gemütliche Alpenvereinshütte ist nicht nur ein lohnendes Ausflugsziel, sondern auch Stützpunkt für die beiden Wander-Dreitausender Wurmaulspitze (3022 m) und Wilde Kreuzspitze (3134 m). Für den Abstieg nehmen wir wieder den Anstiegsweg zurück bis zum Almdorf Fane.

INFO

WILDER SEE

Ein landschaftliches Kleinod in der Nähe des Almdorfs Fane ist der Wilde See. Der tiefblaue Gebirgssee liegt auf 2532 Metern Höhe am Fuße der Wilden Kreuzspitze (3134 m). Bis zum See sind knapp 900 Höhenmeter zu absolvieren, für die wir ungefähr drei Stunden benötigen. Vom Almdorf Fane wandern wir in Richtung Brixner Hütte bis nach der Valler Schramme, wo der Weg Nr. 18 links abgeht und über die Labesebenalm führt. Wir erreichen eine Wegteilung und wandern nach rechts bis zum idyllisch gelegenen See. Der Rückweg erfolgt auf dem Anstiegsweg. Wer daraus eine Rundtour machen möchte, wandert nicht zurück zur Labesebenalm, sondern geht an der Wegteilung geradeaus. Der Weg Nr. 18 B bringt uns zum Marblsee und von dort zurück zum Almdorf Fane.

WEITERE INFORMATIONEN

Touristinfo: gitschberg-jochtal.com
Ausgangspunkt: Vals, Kurzkofelhütte
GPS: 46.865532, 11.622777
2,6 Kilometer, 1,5 Stunden, 330 Höhenmeter

↖ Das beschauliche Almdorf Fane im Valser Tal
↑ Auf dem Weg zur Brixner Hütte

45

AHRNTAL – AUF DEN ARBEITSWEGEN DER BERGBAUERN

SYMBOLE, RÄTSEL UND EIN WASSERFALL

Im Ahrntal gibt es ein uraltes Wegenetz, das die Bergbauernhöfe miteinander verbindet und ins Tal führt. Die Steige über die »Sunnsat«, auf der nach Süden ausgerichteten Talseite, sind geschickt gewählt und führen an der Platterwand vorbei, deren geheimnisvolle Felsritzungen noch immer Rätsel aufgeben.

Heute sind die alten Wege im Ahrntal ideal für Wanderer, die nicht ganz so hoch hinauf wollen und doch ein unverfälschtes Südtirol erleben möchten. Immerhin bewegt man sich auf Pfaden, die schon seit Jahrhunderten von den Bergbauern benutzt wurden, um ins Tal zu gelangen. Sie führen von den hoch gelegenen Höfen durch die vom Menschen geschaffene Kulturlandschaft. Was früher Arbeitswege waren, dürfen Wanderer nun in ihrer Freizeit genießen. Der Ahrntaler Sonnenweg verbindet auf einer Länge von fast 20 Kilometern und in einer Höhe zwischen 1000 und 1450 Metern die Ortschaften Luttach mit St. Peter. Ein kürzerer Abschnitt führt sowohl zur Platter Wand wie zum Frankenbach und führt an einigen alten Bergbauernhöfen vorbei.

Zum Frankenbach-Wasserfall

Wir starten unsere Wanderung vom Ort Steinhaus. Hinter dem modernen Hotel Amonti beginnt ein kleiner Wanderweg, der über die Wiesen hinauf zu den Moarhöfen führt. Auf dem Weg dorthin gewinnen wir bereits an Höhe und überblicken das Ahrntal. Holzskulpturen säumen den Weg, die bei dem internationalen Ahrntaler Holzbildhauer-Symposium entstanden sind. Bis zu den Moarhöfen oder Mairhöfen, wie sie auch genannt werden, ist es nicht mehr weit. Als Meierhof wird ein Hof bezeichnet, der einmal von einem Verwalter, dem Meier, geführt wurde, wobei die Landwirtschaft einer adligen oder geistlichen Herrschaft gehörte. Dass auf den Moarhöfen ein gewisser Wohlstand vorhanden war, zeigt die kleine Hofkapelle. Hinter den Höfen steigt der Pfad weiter an. Zwischendurch treffen wir immer wieder auf Verkehrswege aus neuerer Zeit, denn mittlerweile sind die ganzjährig bewirtschafteten Höfe über ein Netz aus Höfestraßen miteinander verbunden. Nach einem kurzen Stück auf so einer neuen Straße erreichen wir die nächsten Bauernhäuser beim Abfalterer. Dahinter geht es auf einem Pfad über die Wiesen zum Frankenbach-Wasserfall. Der ungezähmte Bergbach wird von den Gletschern der Zillertaler Alpen gespeist und saust über eine eindrucksvolle Steilstufe in die Tiefe. Ein echter Geheimtipp!

Hängebrücke, Waalweg und Hexensteig

Nach einer Besichtigungspause am Wasserfall steigen wir am Bachlauf abwärts und queren den Frankenbach über eine Hängebrücke. Auf der anderen Seite setzt sich der Weg im Wald fort. Wir laufen nun auf dem sogenannten Hexensteig. Diese Wegbezeichnung ist zwar nicht historisch, aber angesichts des malerischen Pfads, der sich über knorriges

→ Wie ein fließender Schleier: In rasantem Tempo strömt das Wasser des Frankenbachs über eine Steilwand in die Tiefe.

Wurzelwerk vorbei an dicht bemoosten Steinen schlängelt, durchaus zutreffend. Wir halten uns leicht links, wo der Weg einen Bewässerungskanal, einen Waal, kreuzt. Weiter geht es bergauf bis zum Platterhof, unserem nächsten Ziel.

Geheimnisvolle Platterwand

Bevor wir den Platterhof erreichen, ist schon die große senkrechte Platterwand zu sehen. Sie besteht aus Gneisgestein, so glatt, dass darauf nur karge Pflanzen in einigen Felsspalten wachsen. So gleicht die Wand einer riesigen Schultafel und hat schon seit jeher Menschen dazu verlockt, sich zu verewigen. Mit bloßem Auge sind schon aus der Entfernung einige größere Steinritzungen, sogenannte Petroglyphen, zu erkennen. Die ältesten Ritzungen an der Platterwand stammen wohl aus dem 17 Jahrhundert. Es gibt einen Trampelpfad, der direkt unterhalb der Wand verläuft. So kann man sich die Zeichnungen näher ansehen. Unglaublich, wie viele Geschichten der Stein erzählen könnte. Kurz hinter der Platterwand lädt der Berggasthof Platterhof zur Einkehr mit Aussicht ein. Vor dem Abstieg besichtigen wir die kleine Hofkapelle. Früher wurden solche Kapellen häufig erbaut, denn den Bauern war es nicht immer möglich, für die Sonntagsmesse bis in die Kirche im Tal abzusteigen. Viele Hofkapellen wurden auch als Dank für erhaltenen Schutz oder Hilfe errichtet, denn die Arbeit als Bergbauer war sehr hart, beschwerlich und oft gefährlich.

Abstieg entlang von Klaubsteinmauern

Für den Abstieg halten wir uns hinter der Platterhofkapelle links und folgen der Beschilderung nach Mühlegg. Wir steigen am Waldrand entlang ab. Auf unserem Weg begleiten uns Mauern aus zusammengeklaubten Steinen. Sie sicherten die Hänge, waren Begrenzungen für das Vieh und dienten überdies einem einfachen Zweck: Jeder aus einer Wiese aufgesammelte Stein bedeutete eine Handvoll mehr Gras für die Tiere. Da fruchtbarer Boden sowohl im Tal als auch am Berg kostbar war, wurden diese Steine meist von den Hütekindern aufgelesen und aufgeschichtet. Bald treffen wir an den nächsten Häusern auf eine kleine Straße, der wir nach rechts bis zur nächsten Straßengabelung folgen. Hier biegen wir links ab und folgen der Straße zu den Häusern von Mühlegg. Nach der Rechtskurve wechseln wir links wieder auf einen kleineren Wanderweg, der uns zum Frankenbach führt. Wir queren den Bach, gehen geradeaus und folgen der Straße vorbei am Ansitz Bergrichter. Heute verbringen Urlauber ihre Ferien im stattlichen Anwesen mit seiner Kapelle. Seit 1528 walteten hier die Bergrichter ihres Amtes, denn am Talschluss befand sich das Kupferbergwerk von Prettau. Bergrichter waren eingesetzte Beamte, die für einen Bergbausprengel zuständig waren. Sie kümmerten sich um Schürfgenehmigungen, Verordnungen, kontrollierten die Abgaben an den Landesherrn, verliehen Rechte und übten die niedere Gerichtsbarkeit aus. Am Bergrichterhaus queren wir die Ahr und halten uns links auf dem Talweg, der uns fast eben nach Steinhaus zurückführt.

↗ Bemooste Felsen und der wurzelige Waldweg gaben dem Hexensteig seinen Namen.
↖ Einkehr am Platterhof
← Kunstvoll aufgeschichtete Steinmauern auf dem Weg zwischen Platterhof und Mühlegg

INFO

AHRNTALER HOLZSCHNITZEREI

Die Holzverarbeitung hat in Südtirol eine lange Tradition. Die Ahrntaler Bauern waren meist Selbstversorger und fertigten viele ihrer Haushalts- und Arbeitsgeräte selbst an. Holz als Rohstoff war ja in rauen Mengen vorhanden und im Winter hatte man Zeit für handwerkliche Arbeiten. Aus der anfänglichen Produktion von Gebrauchsgegenständen wurden später Kunstwerke, für die sich die Touristen interessierten. Dies war ein guter Nebenerwerb. In St. Jakob gründete man 1973 eine Holzschnitzschule, die die künstlerische Holzverarbeitung im Ahrntal genauso bekannt machte wie die im Grödnertal. Jedes Jahr im Juli findet im Ahrntal das Holzbildhauer-Symposium statt. Dabei hauchen Bildhauer aus aller Welt rohen Lärchenholzblöcken in wenigen Tagen Leben ein. Jedes Jahr gibt es ein anderes Arbeitsthema und die Veranstaltungsorte wechseln zwischen den Dörfern. Die Veranstaltung findet immer im Freien statt – eine tolle Möglichkeit, um die Künstler bei der Arbeit zu beobachten. Auch wenn man es nicht im Juli ins Ahrntal schafft: Man findet überall im Tal Werke der Holzbildhauer.

WEITERE INFORMATIONEN

Touristinfo: ahrntal.com
Ausgangspunkt für die Wanderung zur Platterwand: Steinhaus Klausbergbahn
GPS: 46.993964, 11.978218
Einkehren im Tal: Restaurant STOCHAS an der Ahr in Steinhaus (stochas.it)

Diese Wassermannfigur steht für die lange Tradition der Holzschnitzkunst im Ahrntal.

46

ERDPYRAMIDEN VON PERCHA – KUNSTWERKE DER NATUR

FRAGILE SCHÖNHEITEN

Erdpyramiden sind ein Naturphänomen der Erosion, das man in Südtirol häufiger antrifft. Am schönsten ausgebildet sind diese seltsamen Formationen jedoch in Percha bei Bruneck, wo man die fragilen Wunderwerke aus nächster Nähe sehen kann. Die Erdpyramiden in Percha sind außerdem weit weniger bekannt und besucht als die am Ritten oder in Dorf Tirol bei Meran.

Die Voraussetzungen für die Entstehung von Erdpyramiden sind feinkörnige Erden oder Lehm und eine Hanglage. In Kombination mit Dauerregen, Auswaschungen und Erdrutschen, gepaart mit Schneeschmelze und weiterer Erosion, ergeben sich nach vielen Jahrzehnten die kunstvollen Gebilde aus Erde. Die Erdpyramiden von Percha unweit von Bruneck entstanden nach mehreren Erdrutschen. Der erste Erdrutsch zerstörte im 19. Jahrhundert einen Weg, der damals den Weiler Aschbach mit dem Thalerhof verband. Er wurde nicht mehr befestigt und so konnte ein großes Unwetter 1882 den Graben noch weiter aufreißen. Seitdem nagt und sägt die Natur durch Auswaschungen immer mehr Furchen aus dem Hang und hinterlässt spektakuläre Säulen, die Erdpyramiden. Diese entstehen, weil sich im lockeren Boden auch einige größere Steine befinden. Diese Decksteine schützen wie ein Schirm die wundersamen spitzen, oft meterhohen Säulengebilde, bis der Zahn der Zeit dann doch so stark an ihnen genagt hat, dass sie zusammenstürzen. Dann geht alles ganz schnell. Ohne den Schutz des Decksteins braucht es nur wenige Regengüsse und von der steinernen Säule ist nichts mehr übrig. Der Stein jedoch rollt an eine andere Stelle, schützt dort einen neuen Erdbereich – und das wundersame Spiel beginnt erneut. Eine kleine Pyramide entsteht, die durch verschiedenste Wettereinflüsse scheinbar in die Höhe wächst. Ein Vorgang, der viele Jahrzehnte dauern kann. Aber nur so bilden sich immer neue faszinierende, vergängliche Natursäulen, die einmalig schön sind. Nur die Natur kann sie so erschaffen.

Wanderung zu den Erdpyramiden

Unweit von Bruneck im Pustertal kann man mit dem Bus oder dem Auto in den Ort Wielenbach fahren. Er ist Startplatz für die Tour zu den Erdpyramiden von Percha, die man nur zu Fuß erreicht. Am Parkplatz »Erdpyramiden« beginnt der Themenweg. Durch den Wald steigen wir bergan, wobei die Informationstafeln auf der Strecke für Abwechslung sorgen. Am Ende führt der Weg entlang einer Almwiese zu einer Bergstraße. Von dort sind es nur noch wenige Schritte nach links und man erreicht die Erdpyramiden. Als Alternative für den Rückweg folgt man der Bergstraße und wechselt dann auf den Wiesenweg 16 A, um zum Gasthaus Schönblick abzusteigen. Weiter folgt man der Zufahrtsstraße nach Platten und biegt dann links auf einen Wanderweg ab, der nach Oberwielenbach ausgeschildert ist. An einem einsamen Bauernhof sind wir am Ortsrand und wandern über das Pyramidencafé zurück.

INFO

WIELENBACHTAL

Wer noch etwas wandern möchte, startet von Oberwielenbach in Wielental. Das Seitental zwischen dem Antholzertal und dem Mühlbachtal liegt im Naturpark Rieserferner. Umrahmt von eindrucksvollen Berggipfeln wie dem Rammelstein (2843 m) und dem Schönbichl (2452 m) ist dieses Tal besonders idyllisch und ursprünglich. Eine kleine Almstraße führt zum Talschluss. Auf dem Weg dorthin folgt man einem Wildbach und erreicht nach 45 Minuten die urige Lercher Alm aus dem 17. Jahrhundert. Mit nicht einmal 2,5 Kilometern Wegstrecke ist diese Tour auch perfekt für (E-)Mountainbike-Fahrer geeignet, die bis zur Haidacher Alm weiterfahren können. Am Talende beginnen die Aufstiege für die geübten Alpinisten. Die 3000-Höhenmeter-Hürde knacken die Schwarze Wand (3105 m) oder der Wasserkopf (3141 m). Die Gletscherflächen des Geittalferners und des Rieserferners gleißen weiß in der Sonne (Info: lercheralm.com).

WEITERE INFORMATIONEN

Touristinfo: pustertal.net
Ausgangspunkt: Oberwielenbach Wanderparkplatz
GPS: 46.671962, 10.552936
5,5 Kilometer, 2 Stunden, 250 Höhenmeter

↖ Mit Spitzen und Zacken präsentieren sich die Erdpyramiden. Schon beim nächsten Besuch sehen sie wieder ganz anders aus.
↑ Ausblicke auf den Kronplatz (2275 m) gibt es beim Abstieg.

47

ANTHOLZER SEE – FARBENSPIEL AM BERGSEE

EINMAL VON ALLEM BITTE!

In Südtirol gibt es unzählige Bergseen. Nur wenige davon liegen im Tal, wie der bekannte Kalterer See oder die Montiggler Seen. Doch am hintersten Ende des Antholzer Tals liegt ein wunderschöner See, der beides in sich vereint. Durch seine Lage im Tal ist der Antholzer See gut zu erreichen und umgeben von 3000 Meter hohen Gipfeln doch schon so erfrischend wie ein Bergsee in luftigen Höhen.

Das Antholzer Tal ist ein Seitental des Pustertals. So versteckt das Tal auch liegt, ist es nicht ganz unbekannt, denn an seinem hinteren Ende liegt ein großes Langlauf- und Biathlonzentrum, in dem regelmäßig internationale Wettkämpfe und Weltmeisterschaften stattfinden. Ansonsten ist das Antholzer Tal eher ruhig und ein guter Ort für Entschleunigung. Umgeben von hohen Gipfeln, die locker die 3000er-Marke knacken, findet man hier ein Eldorado für spannende Bergtouren vor. Aber auch alle, die nicht so hoch hinauf wollen, werden hier glücklich.

Am Ende des Antholzer Tals liegt einer der schönsten Alpenseen Südtirols. Im Antholzer See spiegeln sich die hohen Berge des Naturparks Rieserferner Ahrn wie der Hochgall (3436 m) oder die Ohrenspitze (3101 m) – und je nach Jahres- und Tageszeit schillert und leuchtet sein Wasser in verschiedenen Farbnuancen, von Türkis über Dunkelblau bis hin zu Weißgrau im Winter. Dieses einzigartige Farbenspiel im Wechsel des Lichts macht diesen See zu einem besonderen Ort. Den Vergleich mit dem stark überlaufenen Pragser Wildsee hält der Antholzer See locker stand. Am Nordende des Sees, dort, wo das Seerestaurant liegt, kann man sich im Sommer nach einer Wanderung sogar im kühlen Nass abkühlen. Allerdings ist das sehr erfrischend. So gehört es sich aber auch für einen Bergsee.

Seeumrundung

Bei einem Spaziergang kann man den Antholzer See fast ganz umrunden. Dafür starten wir am großen Parkplatz des Biathlon-Stadions. Ein gut ausgeschilderter Wanderweg führt von hier parallel zur Talstraße bis zur urigen Tiroler Hütte. Hier beginnt nach links der Rundweg um den See. Unterwegs passiert man einige Informationstafeln, die von Sagen und Legenden erzählen, die sich um den See ranken und dem Wanderer die Geologie und die heimische Flora mit den häufigsten Baumarten näherbringen. Gleich zu Beginn führt der Weg auf einem hölzernen Steg über ein Feuchtbiotop. Dahinter lauscht man an einer Mitmachstation mit einem großen Hörrohr in den Wald hinein. Im leichten Auf und Ab erreicht man schließlich das Nordende des Sees, wo das Seerestaurant zur Einkehr verführt. Danach quert man die Straße, die zum Staller Sattel hinaufführt. Der Weg steigt etwas an und verläuft oberhalb der Fahrstraße am Hang. Auch hier gibt es wieder Mitmachstationen. Langsam geht es dann bergab und wir überqueren den Rotwandbach. Noch einmal führt der Weg durch ein Waldstück – und schon sind wir am Ausgangspunkt.

INFO

STALLER SATTEL ODER WASSERSPASS FÜR KIDS

Eigentlich alle Täler, die vom Pustertal nach Norden abzweigen, enden an dem großen Riegel der Zillertaler Alpen oder an den Ausläufern der Großvenedigergruppe. Allein das Antholzertal bildet da eine Ausnahme. Hinter dem See am Talschluss kann man über den Staller Sattel vorbei am Obersee ins Osttiroler Defereggental wechseln – eine spannende Passstraße, die so schmal und kurvig ist, dass man sie in einer Einbahnstraßenregelung nur zu bestimmten Zeiten befahren darf: aus dem Antholzer Tal kommend jede Stunde von der 30. bis 45. Minute.
Für Familien bietet das Antholzer Tal jede Menge Wasserspaß. In Niederrasen liegt der tolle Wasserspielplatz »Wasserwaldile« mit einem Parcours, bei dem man mittels Scheiben, Wackelbrücke oder Hüpfsteinen einem Wasserlauf folgt.

WEITERE INFORMATIONEN

Touristinfo: antholzertal.com
Wanderung um den Antholzer See:
ca. 1,5 Stunden, 4,5 Kilometer, 180 Höhenmeter
Der Besuch des Wasserspielplatzes lässt sich gut mit einem Ausflug zum Biotop Rasner Möser in Oberrasen kombinieren, einem idyllischen Sumpfgebiet mit einzigartiger Flora und Fauna.

↖ Im Winter friert der Antholzer See rasch zu, denn die Sonne bescheint die Senke kaum.
↑ Der Hochgall (3436 m) im letzten Abendlicht vom Staller Sattel aus gesehen

Gewitterstimmung am Nuvolaukamm (2595 m)

DOLOMITEN

Das Naturwunder aus Stein zählt zum UNESCO-Welterbe – und die Ferienregion um die weltberühmte Gebirgsgruppe zu den beliebtesten Südtirols.

48

CAMPILLTAL – LADINISCHE KULTUR ENTDECKEN

ES KLAPPERT DIE MÜHLE …

Eine kleine Welt für sich ist das Campilltal. Mitten im ladinischen Kulturraum gelegen, ist hier nicht nur die Beschilderung der Wanderwege auf Ladinisch geschrieben. Das ganze Tal gleicht einem riesigen Freilichtmuseum, in dem man vor allem eines finden kann: absolute Ruhe. Und das ist »bun sciöch'al é«, »gut so, wie es ist«!

Bei St. Martin in Thurn im Gadertal zweigt man in das Campilltal ab – ein Geheimtipp inmitten der ladinischen Bergwelt! Der Hauptort Campill, der auf Ladinisch Lungiarü heißt, wurde 2018 zum Bergsteigerdorf gekürt – ein Prädikat, das nur wenige Dörfer im Alpenraum tragen dürfen. Im Campilltal verschandeln keine Liftanlagen die Landschaft und es gibt keine monströsen Hotelbunker. Auch die Straße endet am Talschluss und keine kurvige Passstraße lockt Serpentinenfans auf ihren motorisierten Fahrzeugen an. Stattdessen gibt es frische Luft, saftige Almwiesen, rauschende Bergbäche und schroffe Felsengipfel. Es ist nicht verwunderlich, dass diese Idylle vor allem Wanderer und Bergsteiger anlockt. Bergtouren führen in die Geisler- und Puezgruppe oder auf den Peitlerkofel (2875 m). Eine Besonderheit des Campilltals sind die »Vlies«, kleine Weiler, die schon seit Jahrhunderten Bestand haben. Die urigen Holzhäuser, die man zu erhalten versucht, fügen sich perfekt in das Landschaftsbild ein. Das Tal gleicht einem Freilichtmuseum, das man am besten bei einer Wanderung durch das Mühlental erkundet.

Das Tal der alten Wassermühlen

Die Wanderung durch das Mühlental zwischen den Weilern Seres und Miscì führt an acht Wassermühlen vorbei und versetzt uns in die Vergangenheit. Die Geschichte des bäuerlichen Lebens im Campilltal und die Errungenschaft der Wasserkraft werden einem begreiflich. Viel Informationen rund um die Mühlen gibt es – und gratis dazu die fantastische Aussicht auf die Berge. Startplatz ist der Parkplatz Mühlenweg »Miscì/Seres« hinter Campill/Lungiarü. Der gut ausgeschilderte Weg führt an einem alten Kalkofen und einer Kapelle vorbei. Die Speckstube Tlisöra bietet sich als Zwischenstopp für den Rückweg an. Etwa hundert Meter weiter verlässt man die asphaltierte Straße und folgt links dem Bachlauf des Seres aufwärts, wo man gleich auf die erste Mühle trifft. Hölzerne Rinnen leiten das Wasser zum Mühlrad. Jeden Mittwoch findet dort in der zweiten Juli- und in der zweiten Augusthälfte ein Mühlentag statt. Dann ist das Wasserrad in Betrieb und es gibt ein buntes Rahmenprogramm. Folgt man dem Bachlauf weiter, reihen sich die Mühlen wie Perlen an einer Schnur. Überall plätschert das Wasser und der Weg ist das reinste Vergnügen. An der obersten Mühle können ausdauernde Wanderer die Tour bis zur Vaciara Hütte unter dem Peitlerkofel fortsetzen. Dafür sind aber insgesamt mindestens 4 Stunden Gehzeit zu veranschlagen. Leichter ist es, man folgt den Schildern für den Mühlenrundweg und steigt rechts über Seres ab.

INFO

MUSEUM LADIN

Im nahen S. Martin in Thurn, einem der Hauptorte im Gadertal, gibt es ein absolut sehenswertes Museum, bei dem sich alles um die Geschichte, die Kultur, die Bräuche und die Sprache der ladinischen Bevölkerung dreht. Das Museum Ladin ist im Schloss Thurn, dem »Ćiastel de Tor«, oberhalb des Ortes untergebracht. Jedes Jahr finden Wechselausstellungen statt. Empfehlenswert ist auch der Museumsshop mit seiner Terrasse, auf der man mit Blick über das Gadertal picknicken kann. Das Eintrittsticket ist übrigens ein Kombiticket, das man auch im Museum Ladin Ursus ladinicus in St. Kassian einlösen kann.

WEITERE INFORMATIONEN

Touristinfo: sanvigilio.com
Die Mühlen im Tal sind frei zugänglich. In den ersten beiden Augustwochen, wenn die Italiener Urlaub haben, finden mittwochs keine Mühlentage statt.
Museum Ladin: wechselnde Öffnungszeiten (Info: museumladin.it)

↖ Der Mühlenweg im Campilltal, einem Seitental des Gadertals
↑ Das Museum Ladin in St. Martin in Thurn ist in einer alten Burg untergebracht.

49

SENNES- UND SEEKOFELHÜTTE – RUNDUM BERGGLÜCK

GEMÜTLICHE HÜTTEN IN DER FANESGRUPPE

Die Sennes- und die Seekofelhütte liegen auf der Südseite des Seekofels. Während es auf der anderen Talseite bei der Faneshütte und nördlich des Seekofels am Pragser Wildsee meistens überfüllt ist, kann man hier ein wenig Ruhe genießen – auch wenn der beliebte Dolomiten-Höhenweg Nr. 1 an den beiden Hütten vorbeiführt.

Wir starten unsere Wanderung am Berggasthof Pederü, den wir auf einer Mautstraße von St. Vigil in Enneberg aus erreichen. Von hier folgen wir der schmalen und steilen Militärstraße, die sich in zahlreichen Kehren bergaufschraubt. Wir kommen zu einer Weggabelung und entscheiden uns für den nach links abzweigenden Steig in Richtung Senneshütte. Bald treffen wir wieder auf die Straße, die vom Rifugio Fodara Vedla herüberführt, und sind nun auf der Hochfläche. Nur mehr leicht ansteigend führt der Weg hinüber zur Senneshütte. Sie liegt wunderschön auf der Sennes-Hochfläche im Naturpark Fanes-Sennes-Prags. Bewirtschaftet wird die gemütliche Hütte von Familie Palfrader, die ihre Gäste mit traditioneller Südtiroler Küche verwöhnt. Sehr beliebt sind hier die Sennes-Nudeln, Knödel mit Gulasch oder das Schnitzel vom Rost.

Weiter zur Seekofelhütte

Von der Senneshütte lockt der Übergang zur Seekofelhütte auf 2327 Metern. Hierfür folgen wir ein kurzes Stück dem Weg in nordwestlicher Richtung, bis uns ein Wegweiser nach rechts Richtung Seekofelhütte schickt. Wir erreichen das Törl (2388 m), von dem aus man die Hütte bereits sehen kann und wandern gemütlich auf dem breiten Fahrweg bis zur nahen Hütte. Der Abstieg erfolgt am Anstiegsweg oder über den vorher abzweigenden Weg Nr. 6. Es gibt noch eine weitere schöne Abstiegsmöglichkeit über den Lago Gran de Foses, doch diese Runde ist deutlich weiter.

Zum Hüttengipfel Monte Sella di Sennes

Von der Senneshütte aus bietet sich die Tour zum Hüttengipfel Monte Sella di Sennes (2787 m) an. Sie ist nicht besonders schwierig und punktet mit einer tollen Aussicht auf den Alpenhauptkamm und die umliegenden Dolomitengipfel. Von der Hütte aus wandern wir auf dem Weg in nordwestliche Richtung bis zu einer Wegteilung. Hier geht es links ab und auf leicht absteigendem Weg zur Hütte Munt de Sella. Auf dem Steig Nr. 27 wandern wir weiter über die Hochfläche zum Val de San Berto. An einer Wegteilung geht es geradeaus weiter in ein Kar. Bald darauf leitet der Weg uns nach links auf eine Schulter südöstlich des Gipfels. Über leichtes felsdurchsetztes Gelände erreicht man das Gipfelkreuz auf dem Monte Sella di Sennes. Der Abstieg zurück zur Hütte erfolgt auf dem Anstiegsweg. Wer möchte, kann noch einen Abstecher zur Sennesscharte unternehmen und in einem kleinen Rechtsbogen über den Weg Nr. 24 und das Val Alciara zur Hütte zurückwandern.

INFO

FANES- UND LAVARELLAHÜTTE

Vom Berggasthof Pederü aus bieten sich zwei weitere Hütten für eine Tour an, die Fanes- und die Lavarellahütte. Beide liegen südlich des Berggasthofs in der Fanesgruppe. Die Hüttenwanderung ist leicht. Teils auf einem Steig oder auf einer breiten Schotterstraße gelangt man zum Plateau von Klein-Fanes, wo beide Hütten stehen und zu einer Einkehr einladen. Die Wirtsleute in den Hütten verwöhnen uns mit Südtiroler Kost. Wer auf der Faneshütte übernachtet, der kann am nächsten Tag noch über das Limojoch zum Limosee und von dort weiter zum Col Bechei (2794 m) aufsteigen. Dieser gut zu erreichende Aussichtsgipfel bietet einen fantastischen Blick auf die umliegenden Gipfel.

WEITERE INFORMATIONEN

Touristinfo: www.sankt-vigil.com
Ausgangspunkt:
Berggasthaus Pederü bei St. Vigil im Enneberg
GPS: 46.638948, 12.041574
16 Kilometer, 6 Stunden, 900 Höhenmeter

← Die Seekofelhütte (2327 m) im Naturpark Fanes-Sennes-Prags
↑ Auf der Sennes-Hochfläche

50

STRUDELKOPF – GROSSARTIGE GIPFELSCHAU

DREI-ZINNEN-BLICK

Während die Umgebung der Drei Zinnen total überlaufen ist, so gibt es doch ruhigere Orte in den Dolomiten, an denen man diese berühmten Berggipfel bewundern kann. Einer dieser Punkte ist der Strudelkopf im Naturpark Fanes–Sennes–Prags, den man vom Parkplatz an der Plätzwiese aus auf einem einfachen Weg erreicht. Unterwegs bietet sich die gemütliche Dürrensteinhütte für eine Einkehr an.

Der Zustieg zur Hütte ist denkbar einfach. Vom Parkplatz an der Plätzwiese aus, den wir vom Pustertal auf einer schmalen Bergstraße erreichen, wandern wir in etwas mehr als einer halben Stunde hinüber zur Dürrensteinhütte.

Die Dürrensteinhütte

Die Hütte liegt am Rand der Plätzwiese, einem Hochplateau am Fuße des Dürrensteins (2839 m). In der Nähe befindet sich das Sperrwerk Plätzwiese, das in den Jahren zwischen 1889 und 1894 zur Sicherung des Höhlensteintals errichtet wurde. Hiermit sollte ein Zugang zum Pustertal aus dem Becken von Cortina d'Ampezzo verhindert werden. Allerdings war das Sperrwerk nicht gebirgsgeschützsicher, weshalb man einen Ersatz plante, der jedoch nie verwirklicht wurde. Heute steht der Bau unter Denkmalschutz.
Die Dürrensteinhütte selbst wurde erst 1968 erbaut. Bei den Bauarbeiten stieß man auf eine Bombe aus dem Ersten Weltkrieg. Ab 1972 pachteten Ferdinand und Maria Mair die Hütte und kauften sie schließlich 1987. Im Jahre 2002 fand eine umfassende Mordernisierung der Hütte statt, die heute von Elisabeth Ferdick bewirtschaftet wird. Auf der Hütte stehen zwei Schlaflager mit jeweils zehn Betten zur Verfügung sowie komfortable Zimmer. Warum nicht einmal auf einer leicht zu erreichenden Hütte in den Dolomiten nächtigen? Es gibt kaum schönere Erlebnisse.

Aussichtsreicher Hüttengipfel Strudelkopf

Der Hüttengipfel der Dürrensteinhütte ist der 2307 Meter hohe Strudelkopf. Nicht einmal 300 Höhenmeter sind es von der Hütte aus bis zum Gipfelkreuz des Strudelkopfs, und ein Besuch dieses Panoramagipfels ist unbedingt zu empfehlen. Hierfür wandern wir auf dem breiten Schotterweg mit der Nr. 34 in den Strudelkopfsattel (2200 m) und weiter über leichtes Gelände zum Gipfel des Strudelkopfs. Bereits während des gesamten Anstiegs hat man eine großartige Aussicht auf die mächtige Hohe Gaisl (3146 m). Oben am Gipfel ist die Aussicht noch umfassender: Wir haben den besten Blick auf die Drei Zinnen, den Monte Cristallo, die Hohe Gaißl und die Tofanen. Kaum irgendwo bekommt man so viel Aussicht für so wenig Anstrengung geboten. Nach diesem erhebenden Gipfelblick wandern wir gemütlich zurück zur Dürrensteinhütte. Wir lassen uns von den Wirtsleuten mit Südtiroler und italienischer Kost verwöhnen und genießen die Umgebung. Auf dem breiten Weg spazieren wir zurück zum Parkplatz an der Plätzwiese.

INFO

GSIESER TAL
Nördlich des Pustertales liegt das Gsieser Tal. Hier ist die Landschaft deutlich sanfter als in den Dolomiten. Trotzdem übt das Tal mit seinen kleinen Dörfern seinen eigenen landschaftlichen Reiz aus. Es eignet sich für einen eigenen Urlaub, aber auch für einen Ausflug im Rahmen eines Dolomitentrips. In den Orten findet man viele Unterkünfte, von der gemütlichen Ferienwohnung bis zum luxuriösen Wellnesshotel. Die Almen und Berggipfel im Tal bieten sich ideal für eine gemütliche Wanderung an.

WEITERE INFORMATIONEN
Touristinfo: www.gsieser-tal.com/de
Eine der schönsten Wanderungen im Tal ist der Almweg 2000. Vom Talschschluss in St. Magdalena wandern wir zur Tscharniertalm. Nun bleiben wir auf der Höhenlinie 2000 und wandern zu mehreren Almen, die zu einer Einkehr einladen.
5,5 Stunden, 700 Höhenmeter
GPS: 46.835881, 12.238724

↖ Die Dürrensteinhütte mit der Verteidigungsanlage Plätzwiese
↑ Am Lagazuoi: Eingang zu einem der Stollen aus dem Ersten Weltkrieg

51

PUFLATSCH – IM REICH DER SCHLERNHEXEN

GEHEIMNISVOLLE PLÄTZE

Am nördlichen Eck der Seiser Alm, dem berühmten Almplateau, befindet sich der Puflatsch. Um diese Region ranken sich viele Hexensagen. Oben am Puflatsch besuchen wir die Hexenbänke, auf denen der Sage nach die Oberhexe saß. Die gemütliche Runde um den Berg lockt mit einer großartigen Aussicht.

Wie erwähnt soll hier auf den Felsen des Puflatsch die Oberhexe der Hexen vom Schlern gesessen und mit ihren Zauberkünsten das ganze Gebiet beherrscht haben. Die Steine am Puflatsch selbst, in deren Anordnung man mit etwas Fantasie große Sitzbänke erkennen kann, sind eine natürliche Formation aus Augitporphyr. Vermutlich war dieser besondere Ort am Puflatsch schon in grauer Vorzeit eine Kultstätte.

Schöne Rundwanderung

Die Runde ist eine einfache, wunderschöne Wanderung mit grandiosem Dolomitenblick. Wir starten an der Bergstation der Seilbahn bei Kompatsch und folgen dem Wegweiser Puflatsch nach links. Auf der asphaltierten Straße geht es an einem Hotelkomplex vorbei und wenig später gelangen wir zu einer Wegverzweigung, wo man nach links zur Dibaita-Hütte abbiegen kann, die etwas unterhalb des Wegs liegt. Die Einkehr heben wir uns allerdings für später auf. Zuerst möchten wir die Aussicht von weiter oben genießen und natürlich die Hexenbänke sehen. Daher wandern wir an der Wegverzweigung auf steilem Steig nach rechts zur Tschötschalm, die am Sonnenhang des Puflatsch liegt. Wir folgen dem Wanderweg weiter hinauf zur Bergstation des Puflatsch-Lifts mit der danebenliegenden Bergstation. Wer sich diese Höhenmeter sparen will, der kann auch vom Tal mit dem Lift bis hierherauf fahren. Ein Bergrestaurant bietet sich für eine Einkehr an. Ein paar Meter weiter rechts befindet sich eine Aussichtsplattform, von der sich ein wunderbarer Rundumblick auf Langkofel, Plattkofel, Rosengarten und Schlern bietet. Anschließend folgen wir dem Wegweiser »Puflatschumrundung« in nordöstlicher Richtung bis zum Fillner Kreuz, von dem man einen beeindruckenden Tiefblick auf das Grödner Tal bekommt. Wir wandern auf dem Steig zum höchsten Punkt des Puflatsch. Hier in der Dolomitenlandschaft lässt es sich wunderbar rasten.

Danach geht es weiter zu den Hexenbänken und zum Göllerkreuz, einem fantastischen Aussichtspunkt. Beeindruckend ist von hier der Tiefblick hinunter nach Kastelruth und Lajen, aber auch der Blick nach Westen und hinüber zu den Sarntaler Alpen mit dem Rittner Horn ist sehr schön. Nach einer Pause spazieren wir auf dem Wanderweg hinunter zur gemütlichen Arnikahütte. Hier geht es nach rechts und wir schließen unsere Puflatschumrundung mit einer Einkehr in der Dibaita-Hütte ab. Dabei genießen wir von der Terrasse den Blick hinüber zum Schlern. Der weitere Abstieg nach Kompatsch ist dann bald geschafft.

INFO

EINE RUNDE SCHWIMMEN AM VÖLSER WEIHER
Wenn Sie von Seis in südlicher Richtung nach Völs am Schlern fahren, finden Sie hier den Völser Weiher. Er ist schnell durch den Wald zu erreichen, liegt allerdings ein wenig versteckt, abseits der Straße. Dieser Weiher am Fuße des Schlerns gehört zu den saubersten Badeseen in ganz Italien. Hier kann man einen gemütlichen Badetag verbringen oder einfach nach einer Wanderung ins kühle Nass springen und sich abkühlen. Die Lage des Sees ist idyllisch. Er ist nur 3,5 Meter tief, aber zum Schwimmen wunderbar geeignet. Heutzutage ist das Fischen verboten, dafür aber das Baden in der Weiherhälfte erlaubt, die nicht als Biotop ausgewiesen ist. Neben dem Völser Weiher befindet sich eine Informationsstelle des Naturparks Schlern-Rosengarten.

WEITERE INFORMATIONEN
Touristinfo: seiseralm.it
Ausgangspunkt:
Kompatsch, Bergstation an der Seiseralm
GPS: 46.542288, 11.617689
8,2 Kilometer, 5 Stunden, 330 Höhenmeter

← Die Dibaita-Hütte, ehemals Puflatschhütte, mit Blick auf den Schlern
↑ Sommertag am Völser Weiher

52

BERGHÜTTE OBERHOLZ AM LATEMAR – ARCHITEKTONISCHE MEISTERLEISTUNG

HOCHGENUSS IM WELTERBE DOLOMITEN

Fantastische Aussichten auf spektakuläre Gipfel, imposante Landschaften, klare, saubere Luft – und obendrein raffinierte Südtiroler Gerichte. So schmecken die Berge am Latemar. Obendrein wird das Ganze auf der Berghütte Oberholz auf 2096 Metern Höhe in einer einzigartigen und ausgefallenen Architektur serviert. Ein Fest für die Sinne – eben auf höchstem Niveau.

Obereggen liegt in einer einladenden Bergkulisse auf rund 1550 Meter Höhe direkt am Fuß des Latemar (2791 m). In Sichtweite zum Rosengarten ragen seine Felspipfel in den Himmel der Dolomiten, die seit 2009 zum UNESCO-Weltnaturerbe zählen. Für Bergtouren und Wanderungen ist der Latemar ein herausragendes Ziel und nicht ganz unbekannt. Fast neu und somit (noch) ein Secret Place ist jedoch die Berghütte Oberholz, die sich direkt an die Ausläufer der Felswände des Latemar zu schmiegen scheint. Selbst wer kein Architekturkenner ist, wird von dem modernen Bau völlig überrascht und ahnt, dass die beiden Architekten Peter Pichler und Pavol Mikolajcak hier etwas Großartiges geschaffen haben.

Faszination Dreigestirn

Das Gebäude gleicht einem Dreigestirn, das mit seinen drei gleich großen gläsernen Schaufenstern die umliegende Landschaft perfekt einfängt. Von außen könnte man meinen, dass es sich um drei einzelne Hütten handelt, die jeweils auf verschiedene Berggruppen hin ausgerichtete sind. An der Westseite ist das Gebäude optisch auf das Notwendigste reduziert: Schlichte, klare Linien, zwei Seitenwände und obenauf ein Satteldach. Mehr braucht eine Hütte nicht. Aber auf der Seite zum Berg hin verschmilzt diese Dreiergruppe raffiniert zu einem einzigen kompakten Raum. Eine faszinierende Konstruktion: Kathedralengleich schwingen sich die Holzbalken in die Höhe. Das verschafft Freiraum für Lichtspiele und die Aussicht auf die alles überwältigende Berglandschaft. Trotz der Klarheit, die durch blanke Betonwände betont wird, ist es in der Hütte ausgesprochen gemütlich. Dafür sorgt ein offener Kamin, das Holzmobiliar, die bequemen Sessel – und die gastfreundlichen Wirtsleute. Vielleicht liegt es auch am köstlichen Duft nach Apfelstrudel und Kaiserschmarren, der aus der Küche weht? Jetzt wird klar: Genau so und nicht anders sollten Berge schmecken.

Der kürzeste Weg zur Hütte führt aus Obereggen mit dem Sessellift Oberholz auf die Sonnenterrasse. Wer möchte, kann in eineinhalb Stunden auf dem Wanderweg Nr. 9 und Nr. 18 zu Fuß zur Hütte aufsteigen. Interessant ist auch die Kombination – erst der Lift und auf dem Rückweg der Fußweg. Das spart 500 Meter Aufstieg und einiges an Kraft, die man lieber für eine Tour oben am Berg einsetzt. Die Berghütte Oberholz ist der ideale Ausgangspunkt für die Erkundung des Latemarium, mehrerer Themenwege in verschiedenen Schwierigkeitsgraden. Sie haben eines gemeinsam: Sie führen durch die fantastische Landschaft des Latemar.

← Die Berghütte Oberholz mit ihrer dreigeteilten Fensterfront zum Tal
↓ Im Inneren der modernen Hüttenarchitektur wurde viel Holz verbaut.

INFO

NUR FLIEGEN IST SCHÖNER!
Wer sich für Architektur-Highlights in der Region interessiert, sollte unbedingt die neue Seilbahn der Carezza Dolomites in St. Zyprian austesten. Die Bahn verbindet das nahe Tierser Tal mit dem Ski- und Wandergebiet Rosengarten. Man kann für diese Strecke getrost sein Auto stehen lassen. Das Besondere an der neuen Bergverbindung: Es ist die erste Cabrio-Seilbahn Italiens. Oben auf jeder Gondel gibt es einen Freiluftbalkon und damit ergibt sich eine neue Art, auf den Berg hinaufzuschweben. Aber das ist nicht das Einzige. Spektakulär ist vor allem die Architektur der Tal- und Bergstation, die der bekannte Südtiroler Architekt Werner Tscholl unterirdisch angelegt hat (siehe Tour 3). Die Umlaufbahn König Laurin fährt von der Frommer Alm aus in die Station im Berg an der Kölner Hütte ein. Die Gebäude integrieren sich so völlig in die Landschaft und sind einzig durch ihre Ein- und Ausgänge nicht ganz unsichtbar.

WEITERE INFORMATIONEN
Touristinfo: merano-suedtirol.it
Berghütte Oberholz: oberholz.com
Tierser Seilbahn: carezza.it

53

SCHUTZHÜTTE GARDENACIA – IN LUFTIGEN HÖHEN

KLEINOD IN DER GEISLER-PUEZ-GRUPPE

Die Gardenacia-Hütte liegt am Ostrand der Puez-Geislergruppe. Die private Hütte wurde 2009 komplett saniert, ist aber urgemütlich geblieben. Schöne Zimmer laden zur Übernachtung ein und serviert werden auf der Hütte ladinische Köstlichkeiten. Wir genießen hier oben Polenta mit Pilzen, Wildspezialitäten, Kaiserschmarren …

Von der Bergstation des Gardenacia-Sessellifts in La Villa erfolgt der schnellste Zustieg zur Hütte, die auf 2050 Metern Höhe liegt. Von der Bergstation aus wandern wir ein kurzes Stück auf dem breiten Schotterweg nach rechts, bis ein Steig nach links abzweigt. Er windet sich in vielen Kehren bergauf bis unter ein paar Felswände. Von hier wandern wir weiter auf einem bequemen Weg zu einem Sattel. Nun geht es durch schönes Wald- und Wiesengelände bis zur Hütte.

Traumhafte Runde – Zustieg von Kolfuschg aus

Der Zustieg auf die Gardenacia-Hütte von Kolfuschg aus führt über die Gardenacia-Hochfläche. Dabei unternehmen wir einen kurzen Abstecher auf den mächtigen Felsklotz des Sassongher (2665 m). Wir fahren zuerst mit der kleinen Seilbahn Col Pradat bis zur Bergstation. Nun queren wir auf dem markierten Weg nach links bis zu einer Wegteilung, an der der Weg von Kolfuschg über die Edelweisshütte heraufkommt. Wir wandern ein Stück in Richtung Puezhütte, biegen aber bald rechts Richtung Sassongher ab. Der Weg quert nun steile Hänge unter eindrucksvollen Felswänden. Auch wenn der Steig an sich nicht schwierig ist, erfordert er doch etwas Achtsamkeit. Wir erreichen die Forcella Sassongher, an der wir erst einmal durchschnaufen. Nun statten wir dem Sassongher noch einen kleinen Besuch ab. Der gut angelegte Steig führt uns durch Schutt steil bergauf bis zu einer Felswand. An soliden Drahtseilen klettern wir über die nun folgende Schlüsselstelle hinweg. Danach gelangen wir über schuttbedeckte Felsbänder zum unkomplizierten Gipfelgrat, über den wir hinüber zum Gipfelkreuz gehen. Vorsichtig steigen wir wieder hinab in die Scharte und folgen dem Weg Nr. 7 bergab bis zu einer Wegteilung. Hier nehmen wir den linken Weg, auf dem es in Serpentinen steil zu einer kleinen Einschartung hinaufgeht. Hier stehen wir unmittelbar vor der Gardenacia-Hochfläche, einer weiten und beeindruckenden Landschaft. Der etwas undeutlich markierte Weg bringt uns in ein Tälchen und führt dann nach Norden zu einer Wegteilung. Den Abzweig zur Puez-Hütte ignorieren wir und wandern nach rechts hinauf zur Gardenacia-Scharte. Von dort geht es über einen Steig in östlicher Richtung bergab in Richtung Gardenacia-Hütte auf der Sterner Alm. Der Abstieg von der Hütte aus erfolgt am besten über den oben beschriebenen Weg zum Sessellift, mit dem wir nach Stern abfahren. Von hier nehmen wir den Bus nach Kolfuschg, müssen allerdings vom Ort noch bis zur Talstation der Col-Pradat-Seilbahn aufsteigen.

INFO

ABSTECHER ZUM PARA DAI GIAI

Die steile Felswand des Para dai Giai (2497 m) fällt bereits an der Gardenacia-Hütte ins Auge. Bei dem kleinen Gipfel mit seinem Kreuz handelt es sich um einen wunderbaren Aussichtsgipfel, der von der Hütte aus schnell erreicht ist. Auch wer nicht viel wandern möchte, sollte diesen kurzen Abstecher einbauen. Es lohnt sich! Auf dem Weg Nr. 11 wandern wir von der Hütte in Richtung Puez-Hütte. An einer Wegverzweigung nehmen wir den Weg Nr. 15 weiter in Richtung Puez und erreichen einen markierten Abzweig nach links. Auf diesem gehen wir hinüber zu den Felsen. Drahtseilsicherungen helfen uns über eine kurze Stufe und hinauf zum Gipfelkreuz, von dem man einen grandiosen Tiefblick auf Stern hat. Der Rückweg erfolgt auf dem Anstiegsweg zur Gardenacia-Hütte, wo wir auf der Terrasse einkehren und anschließend weiter absteigen.

WEITERE INFORMATIONEN

Touristinfo: altabadia.org
Ausgangspunkt: Glurns Kirche
GPS: 46.588064, 11.886534
2,5 Kilometer, 1,5 Stunden, 280 Höhenmeter

← Von der Gardenacia-Hütte bietet sich ein herrlicher Blick über das Gadertal.
↑ Aussicht auf die andere Talseite zum Heiligkreuzkofel (2907 m)

54

LAGAZUOI-SEE – AN KRISTALLKLAREN WASSERN

ABSEITS DES DOLOMITEN-HÖHENWEGS NR. 1

Ein wenig abseits des Dolomiten-Höhenwegs Nr. 1 liegt der kleine Lagazuoi-See. Unsere Wanderung bringt uns zum Lagazuoi, wo allerdings wegen der Seilbahn oft ein buntes Treiben herrscht. Wir suchen die ruhigen Ecken – das eher unbekannte Rifugio Scotoni und den schön gelegenen, stillen Lagazuoi-See unter den mächtigen Zacken der Fanesgruppe.

Diese Wanderung beginnt bei St. Kassian, das man aus dem Badiatal erreicht. Von St. Kassian fährt man noch ein Stück in Richtung Falzaregopass bis eine Schotterstraße nach links zur Capanna-Alpina-Hütte abzweigt. Hier gibt es einen Wanderparkplatz. Direkt hinter dem Parkplatz teilt sich der Weg. Wir nehmen den breiten Fahrweg, der nach rechts führt. Dieser bringt uns durch den flachen Talboden, an dessen Ende das Gelände nun steiler ansteigt. Der Fahrweg führt kontinuierlich bergauf, aber bald erreichen wir erneut einen flachen Talboden und gelangen schließlich zur Scotoni-Hütte. Auf der sonnigen Terrasse haben wir uns nach diesem schweißtreibenden Auftakt eine erste Erfrischung verdient. Nach der Pause wandern wir auf dem Weg Nr. 20 durch den flachen Talboden an der Lagazuoi-Kapelle vorbei. Die kleine Holzkapelle wurde zum Gedenken an die im Ersten Weltkrieg gefallenen und durch Lawinen umgekommenen Soldaten errichtet. Wir gehen auf einen felsigen Einschnitt bis zum Ende des Talbodens. Von hier führt der Weg in einigen Kehren am linken Rand des Einschnitts bergauf bis zu einem Wegweiser. Hier biegen wir nach links ab und stehen in wenigen Minuten vor dem Lagazuoi-See. Im klaren, spiegelglatten Wasser des kleinen Bergsees spiegeln sich die Felsspitzen der Fanesgruppe – ein wunderschöner Ort, an dem man sich entspannen und in aller Ruhe die Schönheit der Dolomitenlandschaft rundum genießen kann. Auf dem Abstiegsweg wandern wir wieder zur Scotoni-Hütte hinunter und nach einer gemütlichen Einkehr weiter in Richtung Capanna-Alpina-Hütte und zu unserem Ausgangspunkt.

Hinauf auf den Lagazuoi

Wer die Wanderung ein wenig ausdehnen möchte, kann vom Lagazuoi-See zum Gipfel des Lagazuoi weiterwandern. Auf dem Dolomiten-Höhenweg Nr. 1 (Markierung Nr. 20) geht es sanft ansteigend bis an den Fuß des Lagazuoi. Hier treffen wir auf den Weg vom Falzaregopass. Er führt steil, aber nicht besonders schwierig hinauf zur Bergstation der Seilbahn und von dort weiter zum Gipfel. Dabei passieren wir einige Stollen aus dem Ersten Weltkrieg, die inzwischen restauriert worden sind. Oben am Gipfel hat man eine grandiose Aussicht auf mächtige Dolomitengipfel wie den Antelao (3264 m), die Marmolata (3343 m) oder den Piz Boé (3152 m). Der Abstieg vom Falzaregopass erfolgt mit der Seilbahn. An der Talstation fahren wir dann mit dem Bus zurück bis zum Abzweig der Straße zur Capanna-Alpina-Hütte. Die letzten Meter zum Parkplatz müssen wir allerdings noch zu Fuß zurücklegen.

← Blick von der Lech-Scharte auf den Lagazuoi-See
↓ Willkommene Einkehrmöglichkeit: die gemütliche Scotoni-Hütte

INFO

DOLOMITEN-HÖHENWEG NR. 1

An dieser Stelle möchten wir den Dolomiten-Höhenweg Nr. 1 erwähnen. Es ist der älteste der zehn Dolomiten-Höhenwege und wahrscheinlich die beliebteste Mehrtagestour in den Dolomiten. Die Route verläuft vom Pragser Wildsee bis Belluno. Insgesamt bewältigt man eine Strecke von 130 Kilometern und überwindet 8000 Höhenmeter. Für die gesamte Route benötigt man zehn bis zwölf Tage. Der Weg selbst ist relativ einfach, doch sind ein gewisses Maß an Trittsicherheit und gute Kondition erforderlich. Für die täglichen Abschnitte muss man gut 6 Stunden veranschlagen und überwindet dabei etwa 900 Höhenmeter. Die hier vorgeschlagene Route zum Lagazuoi ist die dritte Etappe auf dem Höhenweg Nr. 1 von der Fanes-Hütte (2060 m) zur Lagazuoi-Hütte (2750 m).

WEITERE INFORMATIONEN

Touristinfo: altabadia.org
Ausgangspunkt:
Parkplatz an der Capanna Alpina bei St. Kassian
GPS: 46.559870, 11.980804
6 Kilometer, 3 Stunden, 500 Höhenmeter

55

NUVOLAU – DEM HIMMEL GANZ NAH

DOLOMITEN-GIPFELNACHT

Am Falzaregopass beginnt der Weg zum 2575 Meter hohen Nuvolau. Auf diesem Dolomitengipfel thront wie ein Adlernest die Nuvolau-Hütte. Der Weg dort hinauf zur Hütte ist nicht besonders schwer, die Landschaft und die Aussicht sind jedoch großartig. So hoch auf dem Fels eine Nacht zu verbringen ist ein besonderes Erlebnis.

Die Nuvolau-Hütte wurde bereits im Jahr 1883 errichtet und ist damit die erste Dolomitenhütte. Erbaut wurde sie auf Initiative von Oberst Richard von Meerheim aus Dresden. Zum Dank an den edlen Spender erhielt die Hütte von der Sektion Ampezzo des Deutschen und Österreichischen Alpenvereins den Namen Sachsendankhütte. Seit dem Ersten Weltkrieg ist sie Eigentum der Sektion Cortina des CAI (Club Alpino Italiano).

Gigantische Gipfelwelt der Dolomiten

Am schnellsten gelangt man von der Bergstation des Cinque-Torri-Lifts zum Nuvolau. Der schönste Zustieg ist unserer Ansicht nach aber der vom Falzaregopass aus, der etwas weniger besucht ist. Bevor wir am Falzaregopass loswandern, schauen wir uns zuerst einmal um. Hinter uns erhebt sich der steile Hexenstein (2477 m). Markant zieht er in die Höhe, kaum zu glauben, dass er ein eher kleiner Dolomitengipfel ist. Wir wandern über grüne Wiesen in südöstliche Richtung und blicken immer wieder gebannt hinüber zur mächtigen Südwand der Tofana di Rozes (3225 m). Bald passieren wir den Abzweig zur Croda Negra und steigen durch ein Tälchen hinauf zur Forcella Averau (2435 m). Hier öffnet sich plötzlich der Blick nach Süden. Vor allem die Marmolata mit ihren immer stärker abschmelzenden Gletschern zieht unsere Blicke auf sich. Wir stehen jetzt direkt neben dem aufragenden Averau, den wir unterhalb seiner Südwand queren. Nach der Querung kommen wir zum Rifugio Averau. Die Hütte steht zwischen dem mächtigen Averau und dem lang gezogenen Nuvolau (2575 m). Wir biegen links ab und folgen den Markierungen nach links über eine leichte Felsstufe. Das Gelände wird ein wenig flacher, und nun wandern wir über den breiten Rücken hinauf zur exponiert liegenden Nuvolau-Hütte. Hier oben genießen wir eine außergewöhnliche Aussicht zu wirklich hohen Dolomitengipfeln. Besonders schön ist die Übernachtung auf der Hütte, wobei der Sonnenunter- und -aufgang ein echtes Erlebnis ist. Oft kann man hier beobachten, dass Bergsteiger nach einer recht kurzen Pause vom Gipfel des Nuvolau Richtung Osten zum Klettersteig »Ferrata de Ra Gusela« aufbrechen. Dieser Klettersteig ist zwar nicht sehr schwierig, erfordert jedoch entsprechende Erfahrung und Ausrüstung. Zudem ist der Rückweg bis zum Falzaregopass auf dieser Route, die am Cinque-Torri-Lift vorbeiführt, ziemlich lang und anstrengend. Wir bevorzugen daher unsere schöne Panoramatour und steigen nach einer ausgiebigen Pause auf der Terrasse der Nuvolau-Hütte wieder auf dem Anstiegsweg ab und wandern zu unserem Ausgangspunkt am Falzaregopass zurück.

INFO

FREILICHTMUSEUM AM FALZAREGOPASS

Am Falzaregopass tobte der Erste Weltkrieg in seiner schrecklichsten Form. Die Frontlinie verlief genau über den Pass. Auf der einen Seite saßen die Österreicher, auf der anderen die Italiener und beschossen sich gegenseitig. Der Lagazuoi wurde dabei regelrecht ausgehöhlt. Viele Stollen, Artillerie-Stellungen und Schützengräben entstanden in diesem Berg. Heute kann man die »Denkmäler« des Gebirgskriegs besichtigen. Man steigt entweder zu Fuß auf oder fährt mit der Seilbahn hinauf. Kaum vorstellen kann man sich, welche Bedingungen für die Kämpfer geherrscht haben. Im Gebirgskrieg starben mehr Menschen durch äußere Umstände wie Lawinen als im Kampf. Die Besichtigung der Tunnel ist kostenlos. In den Stellungen gibt es Tonkommentare, die das Kriegsgeschehen erläutern.

WEITERE INFORMATIONEN

Touristinfo: merano-suedtirol.it/de/ultental.html
Ausgangspunkt: Falzaregopass, Parkplatz
GPS: 46.518895, 12.009533
8,5 Kilometer, ca. 3,5 Stunden,
500 Höhenmeter Abstieg

← Erhabene Natur: Winzig klein wirkt die Nuvolau-Hütte auf dem Gipfel.
↑ Auf dem Panoramaweg hat man die gewaltige Kulisse immer im Blick.

REGISTER

BILDNACHWEIS

Look: 16/17, 39 o, 71, 77 o, 138, 150, 158/159 (Strauß, Andreas); 33 (Greune, Jan); 40, 179 (Wohner, Heinz); 42 (Hoppe. Steffen); 44 o (Fath, Bethel); 44 u, 54 u (Seehauser, Othmar); 54 o (Rier, Helmuth); 55 o (Stankiewicz, Thomas); 98 (robertharding); 104/105 (Bias, Helge); 132/133 (ClickAlps);

Shutterstock: 10 ul (Steve Barze); 10 um (Kamieshkova); 10 ur (paranormal); 11 l (SvAP7); 11 o (Cat_arch_angel); 26 o (luciezr); 27 u (Basotxerri); 34 (lorenza62); 45 (imageBROKER.com); 47 o (Stefan Rotter); 47 u (MoLarjung); 55 u (Andrea Contrini); 73 o (Balakate); 73 u (Franzi R); 123 u (Antonio S); 176 (Marco Ramerini)

Andere: 9 ur, 170/171, 186, 187 (Kostner, Manfred); 139 (Landesmuseum Bergbau/Terzer, Armin); 169 (Siepmann, Martin)

Alle weiteren Bilder stammen von Lisa und Wilfried Bahnmüller und Markus Meier.

Die Autoren:

Lisa Bahnmüller, Fotografin und Journalistin, arbeitet gemeinsam mit ihrem Vater, **Dr. Wilfried Bahnmüller,** seit vielen Jahren erfolgreich für verschiedene Verlage. Südtirol ist eine ihrer Lieblingsdestinationen, zu der sie mehrmals im Jahr aufbrechen.

Markus Meier ist seit seiner Jugend in den Bergen unterwegs. Als Trainer beim Alpenverein und Bergwanderführer begleitet er gerne Menschen in die Natur.
www.bergsteigenonline.de

IMPRESSUM

Verantwortlich: Carola Holzer
Lektorat: Antje Eszerski
Layout: Clemens Hoffmann
Korrektorat: Simona Fois
Repro: LUDWIG:media
Herstellung: Alexander Knoll
Printed in China by C&C Offset Printing CO., LTD.

★★★★★

Sind Sie mit diesem Titel zufrieden? Dann würden wir uns über Ihre Weiterempfehlung freuen.
Erzählen Sie es im Freundeskreis, berichten Sie Ihrem Buchhändler, oder bewerten Sie bei Onlinekauf. Und wenn Sie Kritik, Korrekturen, Aktualisierungen haben, freuen wir uns über Ihre Nachricht an Bruckmann Verlag, Postfach 40 02 09, D-80702 München oder per E-Mail an lektorat@verlagshaus.de.

Unser komplettes Programm finden Sie unter

www.bruckmann.de

Umschlag:
Vorderseite: Blick über den Lago Limides (mauritius images / Frank Bienewald);
Rückseite v.l.o.n.r.u.: am Kräuterhof Oberpalwitterhof (Lisa Bahnmüller); Kirche St. Johann im Kloster Müstair (Look/Strauß, Andreas); Haflinger am Lärchenplateau am Salten (Markus Meier); Dürrensteinhütte mit der Verteidigungsanlage Werk Plätzwiese (shutterstock/Marco Ramerini).

Die Deutsche Nationalbibliothek verzeichnet diese Publikation in der Deutschen Nationalbibliografie; detaillierte bibliografische Daten sind im Internet über http://dnb.d-nb.de abrufbar.

Infanteriestraße 11 a, 80797 München
ISBN: 978-3-7343-2425-3